Das ultimative Probenbuch
Deutsch
5./6. Klasse

W0387912

Dieses Buch gehört

Leonardo

Du schaffst den Sprung

Vorwort

Liebe Schülerin, lieber Schüler,

dieses Buch hilft dir bei der Vorbereitung auf deine Schulaufgaben bzw. Stegreifaufgaben in der 5. und 6. Klasse zum Thema Grammatik im Fach Deutsch. Zu Beginn fassen wir den gesamten Grammatikstoff der fünften und sechsten Klasse kurz zusammen und geben dir ein paar nützliche Tipps. Anhand der von uns erstellten Proben, die dem Lehrplan angepasst sind und in Inhalt, Form und Umfang etwa dem entsprechen, was dich in deinen Klassenarbeiten erwartet, kannst du überprüfen, ob du den behandelten Stoff beherrschst. In der Regel hast du für die Grammatik- und Leseproben 45 Minuten Zeit.

Zum Thema Aufsatz beschränken wir uns in diesem Buch auf ein paar wesentliche und interessante Tipps, da die Erläuterung von Aufsätzen den Rahmen dieses Buches sprengen würde. Die Rechtschreibung ist erst nach der 7. Klasse abgeschlossen. Hier hilft nur viel lesen und üben. Aber auch zum Thema „richtig schreiben“ gibt es in diesem Buch einige wertvolle Tipps und viele Übungen.

Im Anhang findest du zu jeder Probe eine Lösung mit ausführlichen Antworten, damit du deine Proben selbstständig kontrollieren kannst.

Das ultimative Probenbuch Diktat und Aufsatz für die Jahrgangstufen 5/6/7 bietet dir eine ausführliche Behandlung der Aufsatzarten in der Unterstufe sowie zahlreiche Möglichkeiten Diktat und Rechtschreibung zu üben.

Wir wünschen dir viel Erfolg bei der Arbeit mit dieser Probensammlung und für dein gesamtes 5. und 6. Schuljahr.

Für Verbesserungsvorschläge sind wir immer offen!

Mandana Mandl Miriam Reichel

1. Auflage 2010
11. Auflage 09/2016

Lektorat: Horst Reichel – Stuttgart, Atisa Peyman – Dachau, Manfred Wessel – Kapstadt, Claus Bergfried – München, Sandra Frey – Edling
Cover & Logogestaltung: Michael Reichel, www.m5art.de
Druck: omb2 Print GmbH, München

www.schulproben-bayern.de
www.MaMis-Verlag.de

INHALTSVERZEICHNIS

1 Allgemeine Grundlagen

1.1 Allgemeine Voraussetzungen für jede Arbeit

In den folgenden Seiten beschreiben wir ein paar grundlegende Punkte, die du zum Verständnis der deutschen Grammatik wissen solltest. Diese sind auch hilfreich beim Grammatikverständnis für jede Fremdsprache und fast alles kommt in irgendeiner Form in den Grammatikschulaufgaben, Stegreifaufgaben oder Jahrgangsstufentests der 5. und 6. Klasse vor.

Vokale (Selbstlaute):

a-e-i-o-u-

Konsonanten (Mitlaute):

b-c-d-f-g-h-j-k-l-m-n-p-q-r-s-t-v-w-x-y-z-

doppelte Konsonanten:

B a l l → ll, T a s s e → ss, T a n n e → nn, f e t t → tt

· ✓✓ · ✓ ✓ · ✓✓ · ✓✓

⇨ Nach kurz gesprochenen Selbstlauten folgen oft zwei gleiche Mitlaute!

Präfixe (Vorsilben):

Ein Präfix ist ein Wortbaustein, der einem Wort vorangestellt wird - eine Vorsilbe.

Mit Vorsilben kann man neue Wörter bilden, dabei ändert sich häufig die Bedeutung des Wortes.

ab-, an-, auf-, aus-, be-, ein-, er-, ge-, ver-, vor-, zer-, her-, hin-, zu-, über-, nach-, ent-, mit-, weg-, ...

Beispiel: reisen (Infinitiv, Grundform)

bereisen, verreisen, nachreisen, mitreisen, anreisen, abreisen, ausreisen …

Aufgepasst, im Perfekt (2. Vergangenheit) bleibt die Vorsilbe vorne stehen:

z. B.: Ich bin **ver**reist. Ich bin **ab**gereist.

Sonst sind die Vorsilben auch oft von den Verben getrennt:

z. B.: Ich **reise** mit meiner Freundin **an**.

Im Infinitiv (Grundform) stehen sie zusammen: verreisen, anreisen, abreisen …

Suffixe (Nachsilben):

Ein Suffix ist ein Wortbaustein, der einem Wort nachgestellt wird - eine Nachsilbe. Nachsilben verändern meistens die WORTART, manchmal aber auch den WORTSINN.

z. B.:

aus Verben (Tunwörtern) werden Nomen (Namenwörter):

wohnen ⇨ Wohnung
rechnen ⇨ Rechnung
verstanden ⇨ Verständnis

aus Adjektiven (Eigenschaftswörter) werden Nomen (Namenwörter):

faul ⇨ Faulheit
finster ⇨ Finsternis
reich ⇨ Reichtum

aus Nomen (Namenwörtern) werden Adjektive (Eigenschaftswörter):

Gefahr ⇨ gefährlich
Mut ⇨ mutig
Logik ⇨ logisch

Folgende Suffixe deuten immer auf ein Nomen:

-ung, -heit, -keit, -nis, -tum, -er, -in

Schreibe ein paar Nomen mit den für sie üblichen Suffixen auf.

✎ ____

Folgende Suffixe deuten immer auf ein Adjektiv:

-lich, -ig, -isch, -los, -haft, sam, -bar

Schreibe ein paar Adjektive mit den für sie üblichen Suffixen auf.

✎ ____

2 Wortarten im Überblick

2.1 Das Substantiv

Substantive (Nomen) bezeichnen Lebewesen, Dinge, Eigenschaften, Tätigkeiten und Gegebenheiten.

Substantive werden in drei **Genera** (Geschlechtskategorien) aufgeteilt:

Maskulinum (männlich), **Femininum** (weiblich), **Neutrum** (sächlich).

Ferner kannst du für ein Substantiv den **Numerus** bestimmen, d. h. Einzahl oder Mehrzahl. Fast alle Substantive kommen sowohl im **Singular** (Einzahl) als auch im **Plural** (Mehrzahl) vor:

Singular	**Plural**
der Mann	die Männer
das Kind	die Kinder
der Schüler	die Schüler

Es gibt aber sowohl Nomen, die **ausschließlich** im Singular vorkommen wie auch Nomen, die nur im Plural vorkommen:

Nomen im Singular	**Nomen im Plural**
das Fleisch	die Eltern
das Obst	die Geschwister
die Milch	die Kosten
das Leder *(Pl. – Lederarten)*	die Spesen
das Eisen	die Spielwaren
das Gold	die Ferien
das Silber	die Jeans
das Publikum	die Leute
die Polizei	die Gebrüder
das Wild	…
das Geflügel	

Wörter mit ungewöhnlichen Pluralformen:

(Die meisten Wörter lassen sich aus dem Lateinischen oder Altgriechischen ableiten.)

Album	Alben
Antibiotikum	Antibiotika
Atlas	Atlanten
Datum	Daten
Globus	Globen
Kaktus	Kakteen
Kasus	Kasus (mit langem u)
Lexikon	Lexika
Matrix	Matrizen
Modus	Modi
Nomen	Nomen oder Nomina
Partikel	Partikeln
Praktikum	Praktika
Schemen	Schemata (Schemas)
Solo	Soli
Status	Status (mit langem u)
Storno	Storni
Tempo	Tempi (aus der Musik)
Tempus	Tempora (aus der Grammatik)
Thema	Themen
Trauma	Traumata
Visum	Visa

Du kannst jedes Substantiv in die vier Fälle (**Kasus**) setzen, dies nennt man **deklinieren**.

Beispiel: der Tisch, des Tisches, dem Tisch, den Tisch

Die vier Fälle heißen:

1. Fall	**Nominativ**	(Wer oder was?)
2. Fall	**Genitiv**	(Wessen?)
3. Fall	**Dativ**	(Wem?)
4. Fall	**Akkusativ**	(Wen oder was?)

Beispiele:

1. Fall

Das Schwein ist rosa.

Frage: *Wer oder was ist rosa?* → **Das** Schwein ist rosa. ➔ Nominativ

2. Fall

Das Fell **des** Schweines ist rosa.

Frage: *Wessen Fell ist rosa?* → Das Fell **des** Schweines. ➔ Genitiv

3. Fall

Der Metzger zieht **dem** Schwein das Fell über die Ohren.

Frage*: Wem zieht der Metzger das Fell über die Ohren*? → **dem** Schwein ➔ Dativ

4. Fall:

Der Bauer füttert **das** Schwein.

Frage: Wen oder was füttert der Bauer? → **das** Schwein ➔ Akkusativ

Du kannst für jedes Substantiv durch Abfragen **Genus**, **Numerus** und **Kasus** bestimmen.

Beispiele:

Substantiv	**Genus**	**Numerus**	**Kasus**
der Fernseher	Maskulinum	Singular	Nominativ
des Vaters	Maskulinum	Singular	Genitiv
der Lehrerin	Femininum	Singular	Dativ
die Kinder	Neutrum	Plural	Nominativ / Akkusativ

Suffixe, die auf ein Substantiv deuten:

Es gibt **Suffixe** (Nachsilben) mit denen Substantive gebildet werden. Anhand dieser Endungen kannst du ein Substantiv eindeutig erkennen.

-heit, -nis, -keit, -ung, -ei, -in, -tum, -chen, -lein, -er

Beispiele: Schönheit, Ärgernis, Leichtigkeit, Scheidung, Ziegelei, Polizistin, Kindchen, Brüderlein, Lehrer, Meinung, Reichtum, Kenntnis

Übung: Überlege dir zu jeder Endung mindestens ein neues Substantiv!

✍ ______________________________

____

____

Zusammengesetzte Substantive

Aus zwei oder mehreren Substantiven kannst du neue Wörter bilden, indem du sie zusammensetzt. Man nennt so ein Nomen **Kompositum** oder **zusammengesetztes Substantiv.** Das erste Wort nennt man **Bestimmungswort**, das zweite Wort heißt **Grundwort**. Nach dem Grundwort richten sich der Kasus und das Geschlecht der Komposita.

Beispiel: Zugspitze – der Zug + die Spitze → **die** Zugspitze

Treffen mehrere gleiche Konsonanten oder Vokale bei Komposita aufeinander, so werden alle Konsonanten bzw. Vokale geschrieben.

Bestimmungswort	**Grundwort**	**Kompositum**
das Bett	die Truhe	die Betttruhe
das Schiff	die Fahrt	die Schifffahrt
das Ballett	die Truppe	die Balletttruppe
der Tee	die Ecke	die Teeecke

2.2 Der Artikel

Substantive werden begleitet von Artikeln (Begleitern). Man unterscheidet **unbestimmte** und **bestimmte Artikel**, welche sich je nach Genus des Substantivs unterscheiden.
In der folgenden Tabelle findest du die Artikel im Nominativ Singular.

	Maskulinum	**Femininum**	**Neutrum**
bestimmter Artikel	der	die	das
unbestimmter Artikel	ein	eine	ein

2.3 Das Pronomen

Pronomen sind Fürwörter, die stellvertretend für ein Substantiv oder begleitend zu einem Substantiv stehen können.

Man unterscheidet verschiedene Arten von Pronomen:

1. **Personalpronomen** persönliches Fürwort

ich, du, er (sie, es), wir, ihr, sie

2. **Possessivpronomen** besitzanzeigendes Fürwort, erscheint fast immer als Begleiter eines Substantivs (mein Auto, sein Fahrrad ...)

mein, dein, sein (ihr, sein), unser, euer, ihr

3. **Demonstrativpronomen** hinweisendes Fürwort

diese, jene, dieselbe, diejenigen, das

4. **Relativpronomen** bezügliches Fürwort

der, die, das, welcher, welche, welches

Beispiele für Relativpronomen:

Der Autor, **der** das Buch ‚Das Sams' geschrieben hat, heißt Paul Maar.

Das Spiel, **das** Nina gerne spielt, heißt Activity.

Das Spiel, **welches** Paul gerne spielt, heißt Tischtennis.

2.4 Das Verb

Wörter, mit denen du eine Tätigkeit beschreibst, nennt man Verben (Zeitwörter). Die **Grundform** eines Verbs heißt **Infinitiv**.

Die Form eines Verbs verändert sich, je nachdem wer oder was etwas tut. Diese Formveränderung nennen wir **Konjugation**, d. h. Verben werden **konjugiert** und dies in allen Zeitformen (**Tempora**).

Beachte die Beispiele in der folgenden Tabelle.

Beispiel:

Person	Präsens	Imperfekt/ Präteritum	Perfekt	Plusquamperfekt	Futur I	Futur II
ich	sehe	sah	habe gesehen	hatte gesehen	werde sehen	werde gesehen haben
du	siehst	sahst	hast gesehen	hattest gesehen	wirst sehen	wirst gesehen haben
er sie es	sieht	sah	hat gesehen	hatte gesehen	wird sehen	wird gesehen haben
wir	sehen	sahen	haben gesehen	hatten gesehen	werden sehen	werden gesehen haben
ihr	seht	saht	habt gesehen	hattet gesehen	werdet sehen	werdet gesehen haben
sie	sehen	sahen	haben gesehen	hatten gesehen	werden sehen	werden gesehen haben

Die Verbform, mit der jemand aufgefordert wird etwas zu tun, nennt man Befehlsform oder **Imperativ**. Beispiele: Lauf! Spring! Mach!...

Man unterscheidet schwache und starke Verben. Der Unterschied liegt in der Bildung des Präteritums. **Schwache Verben** behalten bei der Bildung des Präteritums ihren **Verbstamm**, der um ein ‚– **t**' erweitert, und an das die Endung der jeweiligen Personalform gehängt wird.

ich **wein**-e	ich **wein-t**e
ich **spiel**-e	ich **spiel-t**e
ich **frag**-e	ich **frag-t**e

Starke Verben verändern im Präteritum ihren **Stammvokal** – man spricht auch von unregelmäßigen Verben.

g**e**hen	ich g**i**ng
s**e**hen	ich s**a**h
fl**ie**gen	ich fl**o**g

Eine vollständige Liste der starken Verben findest du im Anhang Kapitel 10.1.

2.4.1 Aktiv - Passiv

Das Verb hat 2 Genera Verbi (Handlungsarten), die Aktivform auch Tatform genannt, und die Passivform – Leideform genannt.

Beispiel:	Aktiv (Tatform):	Sie **wäscht**.
	Passiv (Leideform):	Sie **wird gewaschen**.

Beispiel 1:

Herbert wäscht seinen Hund. 

Das **Subjekt** im Beispielsatz ist „**Herbert**".

Herbert ist **selbst aktiv**, das heißt, er **übt eine Tätigkeit aus**; deshalb wird die Aktivität auch sprachlich durch die „Tätigkeitsform", **das Aktiv**, zum Ausdruck gebracht.

Beispiel 2:

Der Hund wird von Herbert gewaschen. 

Hier ist „**der Hund**" das **Subjekt**.

Allerdings ist er **nicht selbst aktiv**, sondern **es wird etwas mit ihm gemacht**, das heißt, er „erleidet" etwas, deshalb wird dieser Sachverhalt sprachlich durch die so genannte „Leideform", das **Passiv,** zum Ausdruck gebracht.

Transitive und intransitive Verben

Ein Verb ist transitiv oder intransitiv, je nachdem, ob es mit einem Akkusativobjekt stehen kann / muss oder nicht.

Transitive Verben können **mit** einem Akkusativobjekt stehen, das im Passiv zum Subjekt wird.

Intransitive Verben können **nicht mit** einem Akkusativobjekt stehen.

Transitive Verben können ins Vorgangspassiv (werden-Passiv) gesetzt werden, wobei das Akkusativobjekt zum Subjekt wird.

Aktiv → Vorgangspassiv

Aktiv	**Vorgangspassiv**
Ich esse eine Birne.	Eine Birne ***wird*** von mir gegessen.
Sie verteidigten den Ball gegen die Angreifer.	Der Ball ***wird*** vor den Angreifern verteidigt.
Der Junge liebt seine Oma.	Die Oma ***wird*** von dem Jungen geliebt.
Er beschenkte die Oma.	Die Oma ***wurde*** von ihm beschenkt.

Intransitive Verben

Intransitive Verben sind Verben, bei denen kein Akkusativobjekt stehen kann. Es kommt nicht darauf an, ob sie ohne Ergänzung (absolute Verben) oder ob sie mit einem anderen Objekt stehen. Zum Beispiel:

Sie schlafen.	absolutes Verb
Sie schenkte dem Lehrer ein Bild.	mit Dativobjekt
Er bedarf ihrer Hilfe.	mit Genitivobjekt
Wir warten auf das Ergebnis.	mit Präpositionalobjekt
Das Fußballspiel dauert lange.	mit adverbialer Ergänzung

Merke: Nicht alle Verben können ein Passiv bilden.
Ein persönliches Passiv können nur transitive Verben bilden.
Das Akkusativobjekt aus dem Aktiv-Satz wird dabei zum Subjekt im Passiv-Satz.
Das Vorgangspassiv wird mit dem Hilfsverb „werden" gebildet.

Beispiele: gewaschen werden; gewählt werden; verschlossen werden; gelobt werden; bestraft werden.

Bei der Umformung in das Vorgangspassiv wird das Subjekt des Satzes im Aktiv entweder ganz weggelassen oder mit den Präpositionen von oder durch angeschlossen.

Beispiele:

Aktiv	Passiv
Die Medien **informieren** das Volk.	Das Volk **wird** *durch / von* den Medien **informiert**.
Die Kinder klatschen.	Es wird *(von den Kindern)* geklatscht.

Das Zustandspassiv wird mit dem Hilfsverb „werden" gebildet.

Beispiele: gewaschen werden; gewählt werden; verschlossen werden; verbündet werden; betrunken werden, gekränkt werden …

Beachte:

Passivformen werden gebildet mit dem
Hilfsverb „werden“
und dem
Partizip Perfekt
des Verbs.

Beispiele:

Infinitv	Aktiv	Passiv
tragen	ich trage	ich werde getragen
waschen	ich wasche	ich werde gewaschen
schimpfen	ich schimpfe	ich werde geschimpft

Achtung:

Auch das **Futur** wird mit dem **Hilfsverb werden** gebildet, jedoch mit dem **Infinitiv**. → **Nicht verwechseln!**

Beispiele:

Futur (aktiv): Ich **werde** morgen ins Kino **gehen**.

Futur (aktiv): Der Kommissar **wird** bald alle Fälle **lösen**.

Passiv: Alle Fälle **werden** bald **gelöst**.

Beispiel:

Konjugation von - **mögen - mochte - gemocht** - im Aktiv und Passiv

Präsens

	AKTIV	PASSIV
ich	mag	werde gemocht
du	magst	wirst gemocht
er/sie/es	mag	wird gemocht
wir	mögen	werden gemocht
ihr	mögt	werdet gemocht
sie	mögen	werden gemocht

Präteritum

	AKTIV	PASSIV
ich	mochte	wurde gemocht
du	mochtest	wurdest gemocht
er/sie/es	mochte	wurde gemocht
wir	mochten	wurden gemocht
ihr	mochtet	wurdet gemocht
sie	mochten	wurden gemocht

Perfekt

	AKTIV	PASSIV
ich	habe gemocht	bin gemocht worden
du	hast gemocht	bist gemocht worden
er/sie/es	hat gemocht	ist gemocht worden
wir	haben gemocht	sind gemocht worden
ihr	habt gemocht	seid gemocht worden
sie	haben gemocht	sind gemocht worden

Plusquamperfekt

	AKTIV	PASSIV
ich	hatte gemocht	war gemocht worden
du	hattest gemocht	warst gemocht worden
er/sie/es	hatte gemocht	war gemocht worden
wir	hatten gemocht	waren gemocht worden
ihr	hattet gemocht	wart gemocht worden
sie	hatten gemocht	waren gemocht worden

Futur I

	AKTIV	PASSIV
ich	werde mögen	werde gemocht werden
du	wirst mögen	wirst gemocht werden
er/sie/es	wird mögen	wird gemocht werden
wir	werden mögen	werden gemocht werden
ihr	werdet mögen	werdet gemocht werden
sie	werden mögen	werden gemocht werden

Futur II

	AKTIV	PASSIV
ich	werde gemocht haben	werde gemocht worden sein
du	wirst gemocht haben	wirst gemocht worden sein
er/sie/es	wird gemocht haben	wird gemocht worden sein
wir	werden gemocht haben	werden gemocht worden sein
ihr	werdet gemocht haben	werdet gemocht worden sein
sie	werden gemocht haben	werden gemocht worden sein

2.4.2 Übung 1 zu Aktiv oder Passiv

Schreibe hinter jeden Satz, ob der Satz im Aktiv (A) oder Passiv (P) steht.

Was wird aus uns werden? ____________________

Wer wird zum Kanzler gewählt? ____________________

Er wurde geschubst. ____________________

Die Geschichte wird uns wohl kaum geglaubt werden. ____________________

Wir wählen den besten Sänger. ____________________

Sie sitzen auf der Tribüne. ____________________

Gestern wurde viel gelacht und getrunken. ____________________

Was habt ihr euch nur dabei gedacht? ____________________

Der Teig wird ausgerollt. ____________________

Paul wird ins Kino gehen. ____________________

Zuerst werden die Zutaten vermischt. ____________________

Julius wird die Matheprobe nachschreiben. ____________________

Nina rollt den Teig aus. ____________________

Auf der Trommel wird getrommelt. ____________________

Paul trommelt auf seiner Trommel. ____________________

Tina führt die Hunde an der Leine. ____________________

Die Hunde werden an der Leine geführt. ____________________

Der Hund wird gestreichelt. ____________________

Tine backt einen Kuchen. ____________________

Vater wird noch eine Flasche Wein öffnen. ____________________

Lösung Übung 1 siehe Lösungsteil Kapitel 9

2.4.3 Übung 2 zu Aktiv oder Passiv

Setze die angegebenen Sätze ins Passiv:

Ich grüße.

____

Er streichelt den Hund.

____

Ich küsse.

____

Sie schlägt den Hund.

____

Tina nimmt den Auftrag an.

____

Paul führt den Hund spazieren.

____

Die Natur hat ihn mit einem scharfen Verstand gesegnet.

____

Das Abenteuer lockt sie.

____

Mama erhitzt das Öl in der Pfanne, bevor sie das Fleisch hineinlegt.

____

Tante Erna erwartet die Familie.

____

Sie backt einen Kuchen.

____

Der Küchenchef mariniert den Braten, bevor er ihn ins Rohr schiebt.

____

Am Abend wird uns Mama noch eine Geschichte vorlesen.

____

Vater wird zum Abendessen noch eine Flasche Wein öffnen.

____

Lösung Übung 2 siehe Lösungsteil Kapitel 9

2.5 Das Adjektiv

Adjektive (Eigenschaftswörter) dienen dazu Personen, Gegenstände oder Sachverhalte näher zu beschreiben. Versuche dir generell anzugewöhnen möglichst alles, was du formulierst, mit einem Adjektiv genauer zu beschreiben. Hierdurch werden Erzählungen oder Aufsätze automatisch spannender für den Zuhörer oder Leser.

Beispiele:

… der große Junge …
… das hübsche Mädchen …
… das spannende Buch …
… die leichte Schulaufgabe …

Adjektive kannst du steigern, es gibt **drei Stufen** eines Adjektivs:

Positiv - Komparativ - Superlativ

Beispiele: **regelmäßige** Adjektive

Positiv (Grundstufe)	**Komparativ (Höherstufe)**	**Superlativ (Höchststufe)**
schön	schöner	am schönsten
frech	frecher	am frechsten
schlau	schlauer	am schlausten

Nicht alle Adjektive sind regelmäßig, hier ein paar Beispiele für **unregelmäßige** Adjektive.

Positiv	**Komparativ**	**Superlativ**
gut	besser	am besten
nah	näher	am nächsten
viel	mehr	am meisten

Es gibt auch Adjektive, die ***nicht steigerungsfähig*** sind.

Hierzu gehören u.a.: *schwanger, leer, ganz, tot, doppelt, einzig, mündlich, absolut…*

Ein beliebtes Wort, das von vielen Menschen fälschlicherweise gesteigert wird ist einzig: Das Wort ‚einzigste' **gibt es nicht**! Ebenso ist ein Glas entweder leer oder nicht, eine Frau ist schwanger oder auch nicht. Es gibt nicht ein bisschen leer oder gar ein bisschen schwanger; diese Zustände sind **absolut**.

2.6 Partikel

Als Partikel bezeichnen wir nicht flektierbare Wörter, d. h. Wörter, welche sich **nie verändern**. Zu den Partikeln zählen Adverbien, Konjunktionen und Präpositionen.

2.6.1 Das Adverb

Das **Adverb** (Umstandswort) bestimmt die näheren Umstände eines Geschehens, **verändert** dabei aber seine **Form nicht**!

Die Adverbien werden in verschiedene Kategorien eingeteilt: Es gibt

1. Adverbien des Ortes → **Lokaladverbien** (woher?, wohin?)
   Du musst *rechts* abbiegen. (rechts, oben, unten, vorne …)
2. Adverbien der Zeit → **Temporaladverbien** (wann?, bis/seit wann?, wie oft/lange?)
   … nachmittags mache ich meine Hausaufgaben. (nachmittags, heute, immer, jetzt)
3. Adverbien der Art und Weise → **Modaladverbien** (wie?)
   Ich spiele *gerne* mit dir … (gerne, sehr, kaum…)
4. Adverbien des Grundes → **Kausaladverbien** (warum?, weshalb?)
   … *deshalb* muss ich jetzt gehen. (deshalb, dadurch, deswegen)

2.6.2 Die Konjunktion

Die Konjunktion, auch **Bindewort** genannt, verknüpft Satzglieder oder verbindet Sätze miteinander. Wir unterscheiden:

1. **Nebenordnende Konjunktionen**, sie verbinden gleichgestellte Hauptsätze.

und, oder, dennoch, also, denn, aber …

2. **Unterordnende Konjunktionen**, sie verbinden Haupt- und Nebensätze.

weil, da, als, falls, wenn, während, damit, dass, dann, indem, nachdem, damit …

2.6.3 Die Präposition, eine Verwandte des Adverbs

Die **Präposition** (Verhältniswort) ändert ihre äußere Form nicht (unflektierbar wie das Adverb). Die Präposition drückt ein Verhältnis zwischen Satzgliedern aus. Häufig verlangt sie ein Nomen in einem bestimmten Kasus! Auch bei den Präpositionen gibt es verschiedene Arten. Wir unterscheiden lokale, temporale, modale und kausale Präpositionen, genau wie bei den Adverbien.

Beispiele:

Lokale Präposition (örtlich): (Frage: wo, woher, wohin?)

an, aus, auf, außer, bei, hinter, in, neben, über, unter, vor, zwischen …

Temporale Präposition (zeitlich): (Frage: wann?)

ab, bei, nach, von, vor, während, zu, bevor, danach, später …

Modale Präposition (Art und Weise): (Frage: wie, auf welche Art und Weise?)

auf, aus, ausschließlich, bei, bis auf, bis zu, einschließlich, mit, ohne, durch, mit …

Kausale Präposition (begründend): (Frage: weshalb? warum?)

angesichts, anlässlich, aufgrund, bezüglich, durch, wegen, zwecks …

Beispiele:

1. Ich hole mir Limo **aus** dem Keller. → lokal (von wo?)
2. Ich muss **am** Abend zuhause sein. → temporal (wann?)
3. Sie antwortete **auf** Englisch. → modal (wie?)
4. **Aus** Angst vor dem Fremden habe ich mich versteckt. → kausal (weshalb?)

Bestimmte Präpositionen verlangen ein Nomen in einem bestimmten Kasus.

- Präpositionen, die den **Dativ** verlangen, sind u.a.:

aus, bei, entgegen, entsprechend, gegenüber, gemäß, mit, nach, seit, samt, von, zu, außer, binnen, seit, von ...

Beispiele:

Paul wollte **mit** *Nina* ins Schwimmbad. → *Mit wem?*

Aus *diesem Grunde* rief er sie an.

Außer *dem Lehrer wissen* alle Bescheid.

- Präpositionen, die den **Akkusativ** verlangen:

durch, für, gegen, ohne, um, wider …

Beispiele:

Gegen *seinen Willen* musste er nach Hause. → *Gegen wen oder was?*

Ohne *seinen I-Pod* geht Paul selten aus dem Haus.

- Präpositionen, die den **Genitiv** verlangen, sind u.a.:

wegen, angesichts, trotz, mittels, ungeachtet, unweit, anstatt, statt, anlässlich, unterhalb, diesseits, jenseits, inmitten, infolge, während ...

Beispiele:

Er musste **wegen** *des Tennisspiels* gehen. → wegen „wessen"?

Trotz *seiner Erkältung* ging er in die Schule.

Während *des Regens* liefen wir nach Hause

- Präpositionen, die den 3. oder 4. Fall verlangen:

an, auf, hinter, in, neben, über, unter, vor, zwischen ...

Beispiele:

Das Buch liegt auf **dem** Tisch.	→	Wenn du die Frage „WO?" verwendest, folgt der 3. Fall (Dativ).
→ Wo liegt das Buch?	→	**auf dem Tisch**
Ich lege das Buch auf **den** Tisch.	→	Wenn du die Frage „WOHIN?" verwendest, folgt der 4. Fall (Akkusativ).
→ Wohin legst du das Buch?	→	**auf den Tisch**

2.7 Zusammenfassung Wortarten

Lateinisch	**deutsch**	**Beispiele**
Verb	**Tätigkeit- oder Zeitwort**	haben, sein, müssen, rennen, trinken, riechen
Substantiv/Nomen	**Hauptwort/Namenwort**	
	echte Nomen	Haus, Eimer, Auto, Kopf, Mensch, Tier, Kunst
	Eigennamen, Namen	München, Eifelturm, Elbe, Alpen
	Stoff-/Substanzname	Milch, Gold, Bier, Smaragd
	Substantivierung aus Verben	Bestätigung, Reinigung, Verhältnis, Achtung, *das* Streiten
	Substantivierung aus Adjektiven	Klugheit, Tapferkeit, Armut, Faulheit
	Substantivierung aus Zahlwörtern	Dreier, Quartett, *die* Drei
	Substantivierung aus Pronomen	*das* Ich
Adjektiv	**Eigenschaftswort**	klug, tapfer, arm, groß, scharf, warm, kalt ...
Partizipien	**Mittelwort**	
Partizip I (Präsens), Aktivform	von Verben abgeleitete Adjektive	sitzend, schlafend, sehend
Partizip II (Perfekt), Passivform	Attribut zu Substantiv / Artangabe	geschlafen, geraucht, gesehen, erledigt, benutzt, verloren
Artikel	**Geschlechtswort**	bezeichnet das Geschlecht des nachfolgenden Wortes
	bestimmter Artikel	der, die, das, dem, den
	unbestimmter Artikel	ein, einer, eine, eines, einem, einen

lateinisch	deutsch	Beispiele
Pronomen	**Fürwort**	→ ein Wort, das ein anderes Wort (i.d.R. Nomen) ersetzt
Personalpronomen	persönliches Fürwort	ich, du, er, sie es, wir, ihr, sie
Reflexivpronomen	rückbezügliches Fürwort	sich
Possessivpronomen	besitzanzeigendes Fürwort	mein, dein, sein, unser, euer, ihrer
Demonstrativpronomen	hinweisendes Fürwort	jene, jener, jenes, diese, -er, -es, welche, -er, -es
Relativpronomen	bezügliches Fürwort	der, die, das, dem, welcher ...
Interrogativpronomen	Fragefürwort	wer, wie, was, wen, welcher, wann, wo, woher, wessen ...
Indefinitpronomen	unbestimmtes Fürwort	jemanden, niemand ...
Numerale	Zahlwort	eins, zwei, drei, hundert, tausend, erste, zweite ...
Adverb	**Umstandswort**	
Adverb-Lokal	des Ortes	da, daher, dort, rechts, links ...
Adverb-Temporal	der Zeit	anfangs, vorher, abends, heute, gestern, immer, niemals ...
Adverb-Kausal	des Grundes	darum, deswegen, deshalb, folglich, dadurch ...
Adverb-Modal	der Art und Weise	allein, zusammen, genau, gerne, leider, einfach, wohl ...
Präposition	**Verhältniswort**	am, an, auf, bei, im, in, neben, hinter, um, oben, unten ...
Interjektion	**Ausruf, Gefühlswort**	Au! Oh! Ach! He! Juhu! ...
Konjunktion	**Bindewort**	dass, und, oder, entweder ...
Bindewörter für Satzteile /Hauptsätze: (durch Komma getrennt)		**oder**, aber, auch, dagegen, nur, zudem, indessen, daher, darum, denn, also, deshalb, außerdem ...
Bindewörter für Nebensätze: (durch Komma getrennt)		**als,** dass, sodass, seit, seitdem, indem, falls, während, ob, obwohl, da, damit, nachdem, weil, wenn, bevor, ehe, bis ...
Doppelbindewörter: (durch Komma getrennt)		**nicht nur - sondern auch**, je mehr - desto, ...
Bindewörter nach den „und" –Regeln (**kein** Komma)		**und**, oder, entweder - oder, weder - noch, sowohl - als auch ...

3 Satzglieder im Überblick

Sätze bestehen aus einzelnen Satzgliedern, die man **umstellen** kann. Das heißt, durch die Umstellprobe kannst du erkennen, welche Wortgruppen zusammengehören und damit ein Satzglied bilden.

	Satzglied 1	**Satzglied 2**	**Satzglied 3**	**Satzglied 4**
1.	Ich	gehe	heute	in die Schule.
2.	Heute	gehe	ich	in die Schule.
3.	In die Schule	gehe	ich	heute.
4.	Gehe	ich	heute	in die Schule?

Bestimmung der Satzglieder:

Frage	**Antwort**	**Satzglied**
Wer oder was tut etwas?	ich	Subjekt
Was tue ich?	gehe	Prädikat
Wann gehe ich?	heute	Temporale Adverbiale
Wohin gehe ich?	In die Schule	lokale Adverbiale

Ein Satz besteht aus mindestens zwei Satzgliedern: **Subjekt** und **Prädikat**.

Beispiel: Paul spielt.

Es gibt Verben, die verlangen immer ein Objekt, manchmal sogar zwei Objekte, damit ein sinnvoller Satz entsteht.

Beispiel:

Paul gibt … → Was gibt Paul? „Geben" - erwartet ein Objekt!

Paul gibt Nina … → Was gibt Paul Nina?

Paul gibt Nina einen Keks. → Jetzt ergibt der Satz einen Sinn!

Erwartet ein Prädikat ein Objekt, so stehen die Satzglieder in einem

- **Aussagesatz** meist in der Reihenfolge → Subjekt (S) - Prädikat (P) - Objekt (O) *(O2)*
  Paul gibt Nina einen Keks.
- **Fragesatz** häufig in der Reihenfolge → P - S - O1 *(- O2)*
  Gibt Paul Nina einen Keks?
- **Befehlssatz** meist in der Reihenfolge → P - O1 *(- O2)*
  Gib Nina einen Keks!

3.1 Das Prädikat (Satzaussage)

Das **Prädikat** ist der Grundbaustein eines Satzes. Es gibt Antwort auf die Frage: **„Was geschieht?"** oder **„Was wird getan?"**.

Beispiele:

Ich spiele im Garten.	→ Was tue ich im Garten?	→ Ich **spiele.**
Ich gehe in die Schule.	→ Was tue ich?	→ Ich **gehe.**
Anita fährt mit dem Einrad.	→ Was tut Anita?	→ Anita **fährt**.

3.2 Das Subjekt (Satzgegenstand)

Der nächste Grundbaustein in einem Satz ist das **Subjekt**. Du findest das Subjekt, indem du mit dem Prädikat des Satzes die Frage **„wer oder was"** stellst. Das Subjekt steht immer im Nominativ.

Beispiel:

Julius geht gerne ins Kino. → ***Wer oder was*** *geht gerne ins Kino*? → **Julius**

Das Subjekt kann aus einem oder mehreren Wörtern bestehen.

Beispiele:

Es ist gut.	→ **Wer oder was** ist gut?	→ **Es** ist gut.
Das Fußballspiel ist spannend.	→ **Wer oder was** ist spannend?	→ das Fußballspiel
Das Essen und der Wein sind gut.	→ **Wer oder was** sind gut?	→ das Essen und der Wein
Paul und Julius gehen ins Kino.	→ **Wer oder was** gehen ins Kino?	→ Paul und Julius

3.3 Die Objekte

Wir unterscheiden drei verschiedene Arten von Objekten. Hierbei handelt es sich um Satzglieder, die nach ihrem Fall (Kasus) benannt werden:

das **Genitivobjekt**, das **Dativobjekt** und das **Akkusativobjekt.**

a) Das Genitivobjekt (Satzglied im 2. Fall)

Nach dem Genitiv fragen wir mit „wessen?". Es steht im 2. Fall.
Es gibt nur wenige Verben, einige Adjektive aber auch Redewendungen, die zwingend ein Genitiv-Objekt erwarten.

Beispiele: sich sicher sein, sich bedienen, sich erinnern, sich rühmen, gedenken, jemanden überführen

Der Kommissar war ***sich seiner Sache*** *sicher* und *überführte* den Dieb ***seiner Straftaten***. Beim Abschlussfest *erinnerten* wir *uns* ***der alten Schulzeiten***.

Heute wird häufig anstelle des Genitivs der Dativ verwendet oder er wird durch andere Formulierungen ersetzt.

Genitiv: Unterhalb *der Brücke* fließt ein Fluss. (Unterhalb ***wessen*** fließt ein Fluss?)
Dativ: Unter *der Brücke* fließt ein Fluss. (Unter ***wem*** fließt ein Fluss?)

Genitiv: Trotz des Regens ging sie ohne Schirm. (Trotz **wessen** ging sie ... ?)
Dativ: Trotz dem Regen ging sie ohne Schirm. (vor allem in Süddeutschland) x1

b) Das Dativobjekt (Satzglied im 3. Fall)

Nach dem Dativobjekt fragen wir mit „**Wem**?". Es steht im 3. Fall.

Beispiel: Außer dir kommt heute niemand mehr.
Außer **wem** kommt heute niemand mehr? → außer **dir**

c) Das Akkusativobjekt (Satzglied im 4. Fall)

Nach dem Akkusativobjekt fragen wir mit „**Wen oder was**?". Es steht im 4. Fall.

Beispiel: Ohne dich will Peter auch nicht mitgehen.
Ohne **wen** will Peter auch nicht mitgehen? → ohne **dich**

---

x1 „Der Dativ ist dem Genitiv sein Tod"; Bastian Sick

d) Das Präpositionalobjekt

Die Frage nach dem Präpositionalobjekt ist immer mit **„Wo-“ + Präposition** (in, auf, unter, über ...) z. B.: woran, wobei, wofür, womit ...

Beispiel:

Anita arbeitet mit dem Computer an ihrem Referat.

Wo**mit** arbeitet Anita?	→ **mit** dem Computer	**Präpositionalobjekt**
Wo**ran** arbeitet Anita?	→ **an** Ihrem Referat	**Präpositionalobjekt**

e) Adverbiale Bestimmung

Der Unterschied zwischen der adverbialen Bestimmung und dem Präpositionalobjekt ist die Fragestellung. Bei der adverbialen Bestimmung ist die Frage immer **ohne** Präposition:

Beispiel:

Anita arbeitet zuhause mit dem Computer.

Wo arbeitet Anita?	→ **zuhause**	→ **lokale Adverbiale**

3.4 Die Adverbialien (Umstandsbestimmungen)

Adverbialien sind Satzglieder, welche die näheren Umstände eines Geschehens angeben. Wir unterscheiden verschiedene Gruppen von Adverbialien.

3.4.1 Lokale Adverbiale (Adverbiale des Ortes)

Nach der lokalen Adverbiale fragen wir mit den **Interrogativpronomen** (Fragewörter):

Wo? Wohin? Woher? Wie weit?

Beispiel: Das Match fand in Wimbledon statt.

Wo fand das Match statt? → **in Wimbledon**

3.4.2 Temporale Adverbiale (Adverbiale der Zeit)

Nach der temporalen Adverbiale fragen wir mit den **Interrogativpronomen**:

Wann? Wie lange?

Beispiel: Das Match fand am 25.7.2016 in Wimbledon statt.

Wann fand das Match statt? → **am 25.7.2016**

Das Match dauerte zwei Stunden.

Wie lange dauerte das Match? → **zwei Stunden**

3.4.3 Kausale Adverbiale (Adverbiale des Grundes)

Nach der kausalen Adverbiale fragen wir mit folgenden **Interrogativpronomen**:

Weshalb? Warum? Wieso?

Beispiel: Aufgrund des schlechten Wetters konnten die Kinder nicht draußen spielen.

Weshalb konnten die Kinder **...**? → Aufgrund des schlechten Wetters

3.4.4 Modale Adverbiale (Adverbiale der Art und Weise)

Nach der modalen Adverbiale fragen wir mit den **Interrogativpronomen**:

Wie? Auf welche Art und Weise?

Beispiel: Die Schüler bereiteten das Sommerfest sorgfältig und genau vor.

Wie bereiteten sie das Sommerfest vor? → **sorgfältig und genau**

3.5 Satzarten

Wir unterscheiden Hauptsätze und Nebensätze. **Hauptsätze** erkennst du daran, dass sie **selbstständig** sind und keines weiteren Satzgliedes bedürfen. Im Gegensatz sind **Nebensätze** nicht **selbstständig**, d. h. sie können **nicht alleine** stehen und beziehen sich auf den Hauptsatz.

3.5.1 Hauptsätze

Die Hauptsätze lassen sich in verschiedene Satzarten unterteilen und unterscheiden sich durch ihre Bedeutung, die Anordnung der Satzglieder und die Satzzeichen.

- **Aussagesatz**:

  Die Anordnung der Satzglieder ist in der Regel **S-P-O** (Subjekt-Prädikat-Objekt), der Satz wird mit einem **Punkt „.“** abgeschlossen!

  Beispiel: Nina geht gerne in die Schule**.**

- **Fragesatz**:

  Bei einem Fragesatz steht meistens das Prädikat vor dem Subjekt. Der Fragesatz wird mit einem **Fragezeichen „?“** beendet.

  Beispiel: Geht Nina gerne in die Schule**?**

- **Aufforderungssatz**:

  Auch bei einem Aufforderungssatz steht meistens das Prädikat am Satzanfang, am Satzende steht ein **Ausrufezeichen** „!“.

  Beispiel: Geh bitte sofort in dein Zimmer**!**

- **Ausrufesatz**:

  Auch bei einem Ausrufesatz steht stets ein **Ausrufezeichen** ‚!’am Satzende.

  Beispiel: Hurra, wir haben Hitzefrei**!**

Du kannst Hauptsätze durch nebengeordnete Konjunktionen (Bindewörter) miteinander verknüpfen. Hierbei entsteht eine **Satzreihe**.

Verbindest du die Hauptsätze mit den Konjunktionen – **aber, sondern, dennoch, denn, jedoch** oder **also**, musst du die Sätze **stets** durch ein **Komma** voneinander abtrennen. Mit ***und*** bzw. ***oder*** abgetrennte Hauptsätze **müssen nicht** durch ein Komma getrennt werden, sie **können** aber durch ein Komma getrennt werden, was häufig die Lesbarkeit erhöht.

Beispiel: Ich las ein Buch und Miriam stöberte in Zeitschriften.
oder Ich las ein Buch, und Miriam stöberte in Zeitschriften.

3.5.2 Nebensätze

Nebensätze können nicht alleine stehen, sie treten stets in Verbindung mit einem Hauptsatz auf. Eine Verbindung von einem Haupt- und einem Nebensatz bezeichnet man als **Satzgefüge**. Nebensätze werden häufig durch **untergeordnete Konjunktionen** eingeleitet und werden **stets durch ein Komma** vom Hauptsatz **getrennt**.

Die Konjunktion, die einen Nebensatz einleitet, stellt eine Verbindung zum Hauptsatz her. Hierbei kann es sich um verschiedene Beziehungen handeln.

Ein **temporales Verhältnis** (zeitlich) zwischen Haupt- und Nebensatz wird durch folgende Konjunktionen eingeleitet: **als, bevor, bis, nachdem, sobald, während**, ...

Ein **kausales Verhältnis** (Begründung / Folge) zwischen Haupt- und Nebensatz wird durch folgende Konjunktionen eingeleitet: **da, weil, sodass, dass**, ...

Es gibt auch Konjunktionen, die ein **modales Verhältnis** (Art und Weise) einleiten, wie z. B. **indem, ohne dass, dass, damit, wenn**, ...

Ein **Finalsatz** ist ein Nebensatz, der den Zweck, die Absicht oder das Ziel des im Hauptsatz beschriebenen Sachverhaltes angibt. Er wird durch folgende Konjunktionen eingeleitet: **dass, damit, um ... zu, ...**

Ein **Konzessivsatz**, ist ein Nebensatz, der einen Gegensatz zur Aussage im Hauptsatz erläutert. Er wird durch folgende Konjunktionen eingeleitet: **obwohl, obgleich**

Du kannst einen Nebensatz an folgenden drei Merkmalen erkennen:

- Meistens wird der Nebensatz durch eine Konjunktion eingeleitet.
- Er wird immer durch ein Komma getrennt.
- Das Prädikat steht am Ende des Nebensatzes.

Beispiele:

1. Dieses Jahr kauft Karl seiner Schwester kein Weihnachtsgeschenk**, weil** er kein Geld **hat**.	(kausaler Nebensatz)
2. Sie ging in den Garten**, sobald** sie zuhause **war**.	(temporaler Nebensatz)
3. Ich hoffe**, dass** ich bald wieder gesund **bin**!	(modaler Nebensatz)
4. Ich putze das Auto**, bevor** es dunkel **wird**.	(temporaler Nebensatz)
5. **Obwohl** er **erkältet war,** ging Paul in die Schule.	(konzessiver Nebensatz)
6. Am nächsten Tag geht er zum Arzt**,** **damit** er schnell **gesund wird**.	(finaler Nebensatz)

Übung 3: Versuche die Sätze durch eine passende Konjunktion zu verbinden und dabei Wiederholungen zu vermeiden. Markiere Haupt- und Nebensätze unterschiedlich.

1. Ich fahre zu meiner Oma. Sie hat heute Geburtstag.

✎ ______________________________

____

2. Ich muss gehen. Es wird bald dunkel.

✎ ______________________________

____

3. Marie ist durch die Prüfung gefallen. Sie hatte sich drei Wochen lang vorbereitet.

✎ ______________________________

____

4. Paul ärgert Oskar. Er beginnt zu weinen.

✎ ______________________________

____

5. Carlo sucht einen neuen Job. Er findet keinen.

✎ ______________________________

____

6. Franz ist stark erkältet. Er darf 14 Tage keinen Sport treiben.

✎ ______________________________

____

7. Emil hat große Probleme. Er kann nicht gut schlafen.

✎ ______________________________

____

8. Michael und Christa waren in Rom. Ihnen wurde die Kamera gestohlen.

✎ ______________________________

____

Lösung Übung 3 siehe Lösungsteil Kapitel 9

4 Rechtschreibregeln im Überblick

Grundsätzlich gelten folgende Regeln:

- **Nomen** schreibst du immer mit einem großen Anfangsbuchstaben.
- **Eigennamen und feste Begriffe:**

  In Eigennamen und festen Begriffen werden Adjektive meist großgeschrieben. Diese Namen solltest du dir einprägen:

  Beispiele: das **Rote Kreuz**, das **Alte Testament**, die **Olympischen Spiele,** der **Blaue Planet,** die **Bayrische Staatsoper** ...

- **Verben** und **Adjektive** schreibst du außer am Satzanfang immer **klein**.
- Nach einem **kurzen, betonten Vokal** (Selbstlaut) schreibst du den nachfolgenden Konsonanten (Mitlaut) doppelt. Ausnahmen sind *kk* (wird zu *ck*) und *zz* (wird zu *tz*).

  Vergleiche: Essen – Esel, lassen – lasen, Kamm – (er) kam, fressen – (der) Fraß

- Steht vor dem Verb der Artikel *das* oder *beim*, *im*, *vom* oder *zum*, wird das Verb zu einem **substantivierten Verb** und du schreibst es mit einem **großen** Anfangsbuchstaben.

  Beispiele: das Malen, beim Spielen, zum Turnen, beim Essen, zum Tanzen, vom Lernen ...

- Steht vor einem Adjektiv eine unbestimmte Mengenangabe (viel, wenig, nichts, etwas), dann wird das **Adjektiv substantiviert** und damit großgeschrieben.

  Beispiele: etwas Süßes, wenig Saures, nichts Fettes, etwas Modernes, nichts Gutes ...

- **Zeitangaben werden großgeschrieben**, wenn ein Artikel davorsteht.

  Beispiele: der Vormittag, am (an dem) Nachmittag, am Abend, der Morgen ...

- **Zeitangaben werden klein geschrieben**, wenn kein Artikel davorsteht oder ein *‚s' angehängt* ist.

  Beispiele: abends, morgens, nachts, früh, morgen, übermorgen, gestern ...

Übung 4: Zeige was du gelernt hast, setze die Wörter richtig ein!

Die Schule fängt ________________ (MORGENS) um 8:00 Uhr an. Nach dem ______________ (LERNEN) spiele ich am ___________________ (NACHMITTAG) mit meinen Freunden. Ich muss ________________ (ABENDS) zuhause sein, bevor es dunkel wird. Der Sportunterricht fällt __________________ (ÜBERMORGEN) leider aus, da die Lehrerin __________________ (GANZTAGS) auf Schulung ist. An Halloween gibt es viel ________________ (SÜßES) und wenig ________________ (SAURES). Das ________________ (SAMMELN) von Süßigkeiten macht mir großen Spaß. Aber zu viel ______________ (SÜßES) ist schlecht für die Zähne!

Lösung Übung 4 siehe Lösungsteil im Kapitel 9

4.1 Vokaldehnung

Die richtige Schreibweise lang gesprochener Vokale kannst du leider nicht immer durch das Hören bestimmen. Manchmal wird die Dehnung durch Buchstaben gekennzeichnet, manchmal nicht. Es gibt keine eindeutigen Regeln, hier hilft nur üben.

Zum Dehnungs-h kannst du dir aber folgenden Spruch merken: *(gilt leider nicht immer)*

Vor l, m, n, r, das merke ja,
steht **meistenteils** ein Dehnungs-h.

Dehnungszeichen werden nicht gesprochen und können sein:

- Das Dehnungs-h: Lehrer, Mahl, kahl, fahl, wohnen, bohren, Fohlen, Bohne, Sohn, Kohle, Sohle, Ehre …
- Das Dehnungs-e: Stiel, Bier, viel, Brief, lieb, Fieber, Krieger, Lieder, Tier …
- Verdoppelung des Vokals: Saal, Haare, Boot, Tee, Schnee, Fee, Klee …

Übung 5: Welche Wörter mit Dehnungszeichen fallen dir noch ein?

____

____

Lösung Übung 5 siehe Lösungsteil im Kapitel 9

4.2 S-Laute

4.2.1 Stimmhaft gesprochene ‚s'-Laute

Ein stimmhaftes ‚s' hörst du z. B. bei sausen. Hier ist alles ganz einfach: Wörter mit stimmhaft gesprochenem s-Laut in der **Wortmitte** schreibst du **immer mit einem einfachen ‚s'**.

Beispiele: Fasan, Rasen, Reise, Rose, Lose, Hose, …

4.2.2 Stimmlos gesprochene ‚s'-Laute

Beim stimmlosen ‚s' wie z. B. bei Ast oder Rast, gibt es Regeln, an denen du dich orientieren kannst. Du schreibst ein einfaches ‚s',

1. **wenn das ‚s' bei der Verlängerung des Wortes stimmhaft gesprochen wird:**
   - Glas → Gläser
2. **nach Konsonanten (**Mitlauten**)**:
   - Wac<u>h</u>s
   - Ha<u>l</u>s
3. **vor** einem anderen Mitlaut:
   - Ma<u>s</u>t, ra<u>s</u>ten, mei<u>s</u>te<u>n</u>s, fa<u>s</u>ten, La<u>s</u>t etc.

Es gibt aber auch <u>viele Ausnahmen</u>, dafür kannst du dich an nachstehender Regel orientieren.

Nach einem kurzen Vokal steht **ss.**
Nach einem lang gesprochenen Vokal schreibst du **ß.**
(beide werden immer stimmlos ausgesprochen)

Zahlreiche Beispiele hierzu findest du auf der nächsten Seite.

Wörter mit ‚ss' oder ‚ß', die gerne in Diktaten verwendet werden:

Biss, Gebiss, fließen, floss, Riss, beißen, schließen, reißen, Gruß, grüßen, gießen, Schloss, Pässe, goss, vergessen, vergaß, Schlüssel, Grüße, Füße, büßen, außen, draußen, Strauß, süß, Fluss, Straße, Spaß, Stoß, Fleiß, schießen, Messer, Fass, Nüsse, Tasse, Sessel, Flüsse, Kasse, Klasse, Rüssel, Fraß, Genuss, Kuss, Schuss, Kissen, Gewissen, sprießen, fließen, genießen, essen, essbar, pressen, wissen, lassen, prasseln, aufpassen

Schreibübung:

Ordne bitte als Schreibübung die obenstehenden Wörter unter die Rubriken Nomen, Verben und Adjektive ein, oder lasse sie dir diktieren.

Nomen:

____

____

____

Verben:

____

____

____

Adjektive:

____

____

4.2.3 „das" oder „dass"?

„das" und **„dass"** lässt sich leichter unterscheiden, als du denkst, denn es handelt sich um zwei verschiedene **Wortarten**.

„das" schreibst du,

- wenn es sich um einen **bestimmten Artikel** handelt, der von einem Substantiv gefolgt wird.

  Beispiel:

  Das Haus ist schön!

  Das Fahrrad fährt toll.

- wenn es sich um ein **Relativpronomen** handelt, das sich auf ein zuvor verwendetes Substantiv bezieht und es sich somit durch ‚**welches**' ersetzen lässt.

  Beispiele:

  Das rote Auto, **das** (welches) an uns vorbeigefahren ist, war ein Ferrari!

  Jana liest das Buch, **das** (welches) ich ihr geschenkt habe.

- wenn es sich durch ‚**dieses**' ersetzen lässt und damit auf etwas **hinweist**.

  Beispiele:

  Wie kannst du **das** (dieses) behaupten? Es war ein Rennauto!

Bei **„dass"** handelt es sich um eine **Konjunktion,** die einen Nebensatz einleitet, d. h. i.d.R. steht ein Komma davor und häufig folgt ein Artikel oder Personalpronomen.

Beispiele:

Ich vermute, **dass** wir *(Personalpronomen)* morgen eine Ex schreiben!

Ich bin sicher, **dass** das *(Artikel)* Training morgen ausfällt!

Ich hoffe, **dass** es dir morgen wieder bessergeht.

4.2.4 Übung 6 zu „das“ oder „dass“

Ich glaube, ______ der Zug heute nicht mehr fährt.

Ich verspreche, ______ ich nicht zu spät komme.

Sie redet oft darüber, ______ sie irgendwann auswandert.

Ich hoffe, ______ es dir in England gut geht.

Wie heißt das Spiel, ______ du so gerne spielst.

Ich bin froh, ______ alles so toll geklappt hat.

Ich freue mich, ______ du so brav übst.

Die Blackbox von dem Flugzeug, ______ vor drei Tagen abgestürzt ist, wurde heute gefunden.

Das Unwetter, ______ vorhergesagt wurde, hat mehrere Straßen überflutet.

Im Radio spielen sie gerade ______ Lied, ______ dir so gut gefällt.

______ ist ______ Auto, ______ ich schon immer haben wollte.

Alle hoffen, ______ ______ Wetter bald besser wird.

Was du heute kannst besorgen, ______ verschiebe nicht auf morgen.

Das Buch, ______ er braucht, wird er dort nicht finden.

Wie kommt ______, ______ „das“ so oft falsch geschrieben wird?

Sie erklärte ihm, ______ sie heute nicht kommen kann.

______ Miriam gut kochen konnte, wussten die Gäste.

Der Arzt stellte fest, ______ ______ Bein gebrochen war.

Ich wollte unbedingt das Kleid sehen, ______ Nina sich gekauft hat.

______ ein Koch gut kochen kann, ist doch selbstverständlich.

Lösung Übung 6 siehe Lösungsteil im Kapitel 9

4.3 Lernwörter mit ck

Grundsätzlich gilt: **Nach einem kurzen, betonten Vokal** (Selbstlaut) steht **ck.**
Ausnahmen sind **Fremdwörter**, da es in vielen Sprachen **kein ck** gibt.

Beispiele für Ausnahmen: Doktor, Direktor, praktisch, Konfekt

Merke:

Nach l, m, n, r, das merke ja,
steht nie tz und nie ck.

Beispiele: Lenker, Imker, schenken, werken, stärken, Harke, Birke

Folgende Wörter kommen häufig in einem Diktat zum Thema **ck** vor:

Flocken, nicken, schicken, lecker, blicken, flicken, locker, Hocker, packen, ticken, stricken, schlecken, necken, knacken, backen, glücklich, wecken, lecken, Trecker, schreckhaft, schrecklich, hacken, Flocken, schick, Tick, Trick, Blick, trocken, Hecke, Dachdecker, Decke, Trockner, recken, Picknick, Flecken, trickreich, dick, Dickicht

Versuche nun wieder die obenstehenden Wörter den Wortarten Verben, Adjektive und Nomen richtig zuzuordnen *(dies dient in erster Linie der Rechtschreibübung)*:

Verben:

____

____

____

Adjektive:

____

____

Nomen:

____

____

____

4.4 Lernwörter mit ä, äu (Diphthong)

Du schreibst ein Wort mit *ä* oder *äu*, wenn es ein verwandtes Wort mit *a* oder *au* gibt.

Mäppchen, Schnäppchen, quälen, nähen, erklären, gefährlich, ängstlich, säubern, Gebäude, schäumen, läuten, Geräusch, Verkäufer, Äpfel, Kästchen, Verräter, täglich, kläglich

Übung 7: Finde jeweils mindestens ein verwandtes Wort mit a oder au!

säubern ______________________

Gebäude ______________________

geschwächt ______________________

Erkältung ______________________

Geräusch ______________________

Räuber ______________________

Lösung Übung 7 siehe Lösungsteil im Kapitel 9

4.5 Lernwörter mit x, chs und cks:

Hexe, Jux, Luchs, Fuchs, Axt, sechs, Eidechse, Büchse, Lachs, Faxen, Boxer, Ochse, Taxi, Text, Klecks, Dachs, nächsten, fix, verflixt, mixen, Lexikon, Wachstum, wechseln, knicksen, Knacks, Flecks, kraxeln

Übung:

Schau dir die obenstehenden Wörter genau an, und lasse dir anschließend nachstehenden Text diktieren.

Diktat:

Nina wechselt ihre Kleidung für den Ausflug in den Wildpark. Mit einem Keks in der Hand sitzt Julius auf der Schaukel am Spielplatz, während Paul auf einen Baum kraxelt. Später sehen sie zwei Füchse und einen Dachs. Links neben dem Hexenhäuschen sitzt Hänsel im Käfig und neben ihm steht ein riesiger Ochse. Linus holt sein Lexikon aus dem Rucksack und liest alles über das Wachstum der Waldtiere. Hierbei entdeckt er, dass Pflanzen schneller wachsen als Tiere. Bald schließt der Wildpark und alle fahren fix nach Hause. Am Abend mixen wir uns Getränke, feiern eine Party und machen großen Lärm. Abends im Bett liest Nina ein trauriges Buch und bricht in Tränen aus. Auf dem Text entstehen einige Kleckse. Am nächsten Tag sammeln sie alle Flaschen und Büchsen auf und bringen diese zum Container.

4.6 Wörter mit qu

Qualm, Quelle, quälen, Quadrat, quadratisch, Quatsch, Quiz, Quitte, Qualle, Aquarium, quer, Quittung, Quark, Kaulquappe, quaken, Qualität, quengeln

Übung:

Lies dir die Wörter genau durch, decke das obere Kästchen ab und versuche dann zehn Wörter, die du dir gemerkt hast, aufzuschreiben. Wenn du sehr viele Fehler machst, wiederhole die Übung am nächsten Tag einfach noch mal. Hast du jemanden, der dir die Wörter diktieren kann, wäre das auch eine schöne Übung.

✎ ____

____

4.7 Wörter mit tz

Nach einem kurz gesprochenen Vokal folgt oft *tz*

Katze, flitzen, blitzen, kitzeln, spitzen, Spitzer, Blitz, Schmutz, kratzen, Spatz, Klotz, Satz, kritzeln, Spritze, spritzen, Vorsitz, sitzen, Mütze, Pfütze

Merke:

Nach l, m, n, r, das merke ja,
steht nie tz und nie ck.

Tanz, Franz, Schwanz, Kranz, Balz, stolz, Holz, Schmalz, kurz, schwarz

Kleines Diktat zur Übung:

Katzenfreude

Die Katze auf dem heißen Dach sitzt und hockt und denkt nach! Da kommt geschlichen auf seinen Spitzen – der schwarze Kater Moritz und fragt ganz höflich: „Der Franz geht heute mit mir zum Tanz. Willst du nicht mit, du süßer Fratz?" Die Katze wedelt vor Freude mit dem Schwanz, blinzelt verzückt und verkündet stolz: „Mit dir zum Tanz – nicht Blitz noch Donner können mich davon abhalten!" Mit einem Satz sprang Moritz wieder weg und der Spatz auf dem Dachspitz dachte sich: „Na, dann viel Spaß!"

4.8 Fremdwörter

Für die Schreibweise von Fremdwörtern gibt es keine verbindlichen Regeln, aber ein paar Dinge kannst du dir merken:

- In Fremdwörtern gibt es auch **nach einem kurzen Vokal kein ck,** sondern nur ein einfaches k.

  Beispiele: Insekt, Konfekt, korrekt, Diktat ...

- Ein langes ‚i' wird in Fremdwörtern **nicht** durch ein ‚e' erweitert, außer in der Endung ‚-ieren'.

  Beispiele: Maschine, Vitamine, Kamin
  tolerieren, fotografieren, telegrafieren, regieren, korrigieren ...

- Einige Fremdwörter kannst du an ihren Endungen erkennen –**ive**, -**tion**, -**eur**, -**ieren** und –**age**.

  Beispiele: Lokomot**ive**, Spedi**tion**, Informa**tion**, Mont**eur**, Spion**age**, spion**ieren**

- Mittlerweile haben sich gerade aus dem Englischen sehr viele Wörter bei uns eingebürgert. Leider lässt sich auch hier für eine bestimmte Aussprache keine einheitliche Schreibweise festlegen. Auch diese Wörter musst du dir einfach einprägen!

  Beispiele: -ä: Training, Handy;
  -ei: Byte, (Cola) light, Design;
  -ie: Meeting, Team …
  -u: cool, …

- Viele Fremdwörter, die mit ‚Ph' beginnen oder ein ‚ph' beinhalten stammen aus dem Griechischen. Das ‚Ph' wird hierbei als ‚F' gesprochen. Bei einigen Wörtern aus dem Griechischen ist aber auch die Schreibweise mit ‚F' erlaubt.
  Hier einige Beispiele: **Ph**oto – **F**oto, **Ph**antasie – **F**antasie, Mikro**ph**on – Mikro**f**on

5 Zeichensetzung

5.1 Kommaregeln im Überblick

5.1.1 Das Komma bei Aufzählungen

Bei Aufzählungen trennt das Komma die einzelnen Glieder einer Aufzählung voneinander.

Beispiele:
Zu Nikolaus gibt es Äpfel**,** Nüsse**,** Süßes und ein kleines Geschenk.
In der Schule lerne ich Mathe**,** Deutsch**,** Englisch und Latein.

5.1.2 Das Komma beim Infinitiv

Beim Infinitiv steht ein Komma, wenn folgende hinweisende Wörter stehen:

das, dies, daran, darum, darauf

oder ein Substantiv auf eine Infinitivgruppe hinweist:

Beispiele: Ich habe Angst**,** *daran zu denken*!
Es ist schön**,** *das neue Auto zu fahren*.

Das Komma ist freigestellt, wenn es sich um einen einfachen Infinitiv handelt.
Beispiele: Denke daran(,) zu kommen.
Ich habe Angst(,) zu versagen.

5.1.3 Das Komma zwischen Hauptsätzen

- Das Komma trennt mehrere Hauptsätze, die ohne Konjunktion aneinandergereiht sind, voneinander ab.

Beispiele:
In den Faschingsferien fahren wir zum Skifahren**,** an Ostern geht's nach Österreich**,** an Pfingsten fahren wir an den Gardasee und in den Sommerferien fliegen wir in die Türkei.

- Das Komma trennt vollständige, mit bestimmten Konjunktionen verbundene Hauptsätze voneinander (doch, aber, denn, ...).

Beispiele:
Die Kinder spielen auf dem Dachboden**,** doch die Mutter ist nicht begeistert.
Paul möchte mit Julius ins Kino gehen, aber Linus ist noch nicht da.

Mit „**und**" bzw. „**oder**" verbundene Hauptsätze **können durch ein Komma getrennt werden, müssen aber nicht**!

5.1.4 Das Komma zwischen Haupt- und Nebensätzen

Das Komma trennt einen Hauptsatz von einem Nebensatz. Der Nebensatz kann dem Hauptsatz vorangestellt sein, ihm folgen oder in diesen eingeschoben werden.

Beispiele: Die Hauptsätze sind **fett** gedruckt, die Nebensätze *kursiv*.

Die Kinder können nicht draußen spielen, *weil es regnet.*

Dass Mama mit ihr zum Einkaufen fährt, **freut Nina sehr**.

Die Blumen, *die Papa mir zum Geburtstag gebracht hat*, **gehören in die Vase.**

5.2 Zeichensetzung bei der wörtlichen Rede

Du musst die Zeichen bei der wörtlichen Rede folgendermaßen setzen:

„Erzählsatz“**,** Begleitsatz.
„Fragesatz**?**“**,** Begleitsatz.
„Ausrufesatz**!**“**,** Begleitsatz.

Merke: Der Punkt wird beim Erzählsatz in der wörtlichen Rede weggelassen, wenn ein Begleitsatz folgt!

- Die wörtliche Rede wird durch **Anführungszeichen unten „** eingeleitet. Beendet wird die wörtliche Rede durch **Anführungszeichen oben “.**

  Beispiel: „Mama, darf ich heute ins Kino gehen**?**“

- Wird die wörtliche Rede durch einen Einführungssatz eingeleitet, so steht ein Doppelpunkt davor.

  Beispiel: Paul fragt höflich**:** „Mama, darf ich heute ins Kino gehen?“

- Hat die wörtliche Rede einen **nachgestellten Begleitsatz**, so steht nach der wörtlichen Rede ein **Komma** und dann folgt der Begleitsatz.

  Beispiel: „Mama, darf ich heute ins Kino gehen**?**“**,** fragt Paul freundlich.

- Wird der **Begleitsatz zwischen** die wörtliche Rede **geschoben**, so wird dieser **durch Kommas außerhalb der Anführungszeichen getrennt**.

  Beispiel: „Mama!“**,** ruft Paul**,** „darf ich heute ins Kino gehen**?**“

Übung 8 zur Kommasetzung: Setze die fehlenden Kommata ein.

Meine Eltern freuen sich schon die EM 2016 am neuen Fernseher sehen zu können.

Bei der WM live dabei zu sein das ist nur wenigen gegönnt.

Mein Vorschlag zum Public Viewing zu gehen wurde begeistert angenommen.

Peter dachte an den Termin den er heute Morgen hatte.

Michael wusste nicht ob er ihn begleiten sollte.

Im Internet geben die Menschen viele Dinge Preis ohne es zu wissen.

Es ist einfacher zu meckern als gute Vorschläge zu machen.

Papa wird aufgefordert die Rechnung zu bezahlen.

Clara hat sich ein rotes gelbes und grünes T-Shirt gekauft.

Sie verlangt von mir zu gehen.

Er verlangt von mir das Paket abzugeben.

Nicht zu rauchen das ist gesund.

Lösung Übung 8 siehe Lösungsteil Kapitel 9.

Übung 9 zur Zeichensetzung in der wörtlichen Rede:

Setze die fehlenden Satzzeichen ein. Der Text kann auch als Diktat verwendet werden.

Der gefräßige Wolf

Eines Tages zog ein sehr hungriger Wolf durch den Wald.

Ich hoffe, ich finde bald etwas zum Fressen murmelte er mürrisch vor sich hin. Mit gierigen Augen starrte er nach rechts und nach links. Plötzlich sah er einen großen, kräftigen Hasen des Weges hoppeln. Dem Wolf lief sogleich das Wasser im Maul zusammen. Er brüllte den Hasen an: Ich muss dich leider fressen, denn sonst komme ich um vor Hunger Verständnisvoll lispelte der Hase Nun ja, wenn du nicht anders kannst, dann friss mich ruhig Aber - wäre es nicht noch viel besser für deinen riesigen Hunger schlug der schlaue Hase vor wenn ich dir auch noch einen ganz jungen Hasen zur Vorspeise bringen würde

Der Wolf hatte so großen Hunger, dass er kaum klar denken konnte. Ja, du hast recht mein Freund das wäre noch besser meinte er eifrig Ich bin einverstanden. Der listige Hase verschwand sogleich und der Wolf sah ihn nie mehr wieder.

Lösung Übung 9 siehe Lösungsteil im Kapitel 9

6 Tipps zum Aufsatz

Das Thema Aufsatz können wir in diesem Buch nicht detailliert beschreiben, sondern nur anreißen und ein paar wichtige Tipps geben. Aufgrund der hohen Nachfrage haben wir nun ein Probenbuch zum Thema Diktat und Aufsatz geschrieben, mit dem du dich ideal auf Aufsatz und Rechtschreibung vorbereiten kannst.
Dennoch möchten wir dir auch hier einige gute Hinweise geben. Wenn du diese beherzigst, kannst du beim Schreiben deines Aufsatzes richtig punkten.

Einige Schritte, die du beim Aufsatzschreiben beachten solltest.
Ein Aufsatz wird grundsätzlich in drei Abschnitte geteilt - Einleitung, Hauptteil, Schluss – wobei Einleitung und Schluss ungefähr ein Drittel des gesamten Aufsatzes einnehmen sollten und der Hauptteil circa zwei Drittel.
Die Abschnitte sollten durch einen Absatz auch optisch getrennt werden.

Die wichtigsten sieben Schritte - die W-Fragen:

wer, was, wann, wo, wie, warum, weshalb

1. Gib die Zeit und den Ort an, in der deine Geschichte spielt (Wann/Wo?).
2. Mache möglichst genaue Angaben, von wem deine Geschichte handelt (Wer?).
3. Beim Höhepunkt geschieht etwas Unerwartetes (Was?).
4. Beschreibe die Folgen des Geschehens möglichst genau und baue viel wörtliche Rede, Gedanken und Gefühle ein (Warum?).
5. Was ist das Ergebnis?
6. Wie endet die Geschichte (Schluss)?
7. Finde eine Überschrift, die passend ist und neugierig macht.

6.1 Sprachliche Mittel

Achte unbedingt auf unterschiedliche Satzanfänge, spannende und abwechslungsreiche Adjektive und benutze unterschiedliche Wörter zu einem Wortfeld. Auf den folgenden Seiten findest du ein paar Beispiele.

6.1.1 Satzanfänge

Bevor … Plötzlich … Schließlich … Endlich … Nachdem … Unterdessen … Später … Trotzdem … Nun … Während … Dennoch … Auf einmal … Zuerst … Zunächst … Anfangs … Am Anfang … Vorher … Nachher … Dann … Darauf … Währenddessen … Danach … Im Anschluss … Am Ende … Zum Schluss … Zuletzt … Anschließend … Abschließend … Eines Tages … Ausgerechnet in diesem Moment … Kurz darauf … Kurz zuvor … Kürzlich … Inzwischen … Zufällig … Zur selben Zeit … Stunden später … Am Nachmittag … Am Abend … Am Morgen … Gestern … Nach einer Weile …

Übung zu Satzanfängen:

In der untenstehenden Geschichte fängt jeder Satz mit „Und dann …“ an. Ein Aufsatz, der immer gleiche Satzanfänge hat wirkt langweilig und eintönig.

Versuche die Geschichte noch einmal zu schreiben und ersetze dabei die Satzanfänge durch fantasievollere und bessere Satzanfänge.

Übung 10: Ein tierischer Störenfried

Paul geht mit seinen Freunden zum Fußball spielen auf den Bolzplatz. Und dann teilen sich die Jungs in zwei Mannschaften auf und das Spiel fängt an. Paul hat den Ball und läuft so schnell er kann in Richtung Tor. Und dann schießt er aufs Tor, der Torwart kann den Ball nicht halten. Und dann rufen seine Mannschaftsspieler laut: „Tor! Tor!“ Und dann kommt seine Schwester Nina mit ihrer Freundin Alena und ihrem Hund Bello vorbei. Und dann sieht Bello den Ball und läuft auf ihn zu. Und dann hat er ihn auch schon und fängt an daran zu knabbern. Und dann versuchen die Jungs gemeinsam Bello den Ball abzunehmen, leider erfolglos. Nach einiger Zeit geben die Jungs auf, sie sind ziemlich sauer, weil sie ohne Ball nicht mehr weiterspielen können. Und dann kommt Julius mit einem Ball um die Ecke. Und dann ruft Paul: „Julius, du bist die Rettung, Bello gibt den Ball nicht mehr her!“ Und dann packen Nina und Alena Bello samt dem Ball im Maul und gehen wieder nach Hause.

Lösung Übung 10 siehe Lösungsteil in Kapitel 9

6.1.2 Wortfelder

Wortfeld sagen:

äußern, anreden, ansprechen, anbringen, absprechen, besprechen, befehlen, belehren, begründen, berichten, besprechen, erklären, erwähnen, erwidern, erläutern, entgegnen, erörtern, fragen, antworten, mitteilen, nennen, rufen, diskutieren, versprechen, …

Es gibt noch sehr viele Wörter zum Wortfeld „**sagen**", versuche selber noch ein paar zu finden!

✎ ____

Wortfeld gehen:

rennen, flitzen, eilen, hüpfen, hasten, hetzen, huschen, jagen, sprinten, sausen, schleichen, trotten, stolpern, marschieren, waten, trödeln, stapfen, schreiten, schwanken, schlendern, verlaufen, …

Versuche, dir auch zu dem Wortfeld „**gehen**" noch ein paar eigene Wörter auszudenken!

✎ ____

Wortfeld sehen:

anschauen, abschauen, zuschauen, erfassen, erkennen, erspähen, gucken, hingucken, weggucken, betrachten, bestaunen, klimpern, zwinkern, blicken, erblicken, hinblicken, zurückblicken, durchblicken, umsehen, zusehen, stieren, wahrnehmen….

Bestimmt fallen dir auch zu dem Wortfeld „**sehen**" noch ein paar eigene Wörter ein!

✎ ____

Wortfeld machen:

arbeiten, beenden, fabrizieren, erledigen, errichten, durchführen, erzeugen, erstellen, fertigen, handeln, herstellen, leisten, … (ist stark vom Kontext abhängig)

Überlege dir auch zu dem Wortfeld „**machen**" noch ein paar Wörter!

✎ ____

6.1.3 Spannung erzeugen durch Adjektive

Adjektive sollten Sachen und Menschen näher beschreiben. Sie können die Dinge schöner oder hässlicher machen und immer beschreiben sie diese einfach etwas genauer.

Um einen Aufsatz spannend zu gestalten, solltest du stets versuchen abwechslungsreiche Ausdrücke zu verwenden. Hier findest du für verschiedene Aussagen unterschiedlichste Ausdrücke:

interessant sein: unterhaltsam, anregend, sehenswert, eindrucksvoll, abwechslungsreich, lehrreich, wissenswert;

uninteressant sein: langweilig, eintönig, einfallslos, ermüdend, einschläfernd, öde, farblos;

spannend sein: aufregend, fesselnd, atemberaubend, mitreißend, faszinierend, packend;

zufrieden sein: froh, munter, vergnügt, fröhlich, gut gelaunt, erfreut, wohlauf;

unzufrieden sein: schlecht gelaunt, bedrückt, niedergeschlagen, enttäuscht, verzagt, mürrisch, murrend, meckernd;

friedlich sein: gutmütig, verträglich, umgänglich, friedliebend, versöhnlich, gewaltlos, freundschaftlich;

verärgert sein: ärgerlich gereizt, empört, verstimmt, beleidigt, eingeschnappt, sich ärgern, schimpfend, nörgelnd;

glücklich sein: begeistert, überglücklich, jubelnd, jauchzend, wunschlos;

lustig sein: witzig, spaßig, komisch, ausgelassen, kichernd;

vorsichtig: wachsam, aufmerksam, zaghaft, misstrauisch, skeptisch, zurückhaltend, behutsam, sorgfältig, schonend, sorgsam, sanft, liebevoll, pfleglich;

nicht schön aussehen: schäbig, hässlich, fürchterlich, grässlich, grauenhaft, heruntergekommen, verunstaltet, verwahrlost, geschmacklos, widerlich, abstoßend;

etwas schön ausführen: geschickt, fachkundig, ordentlich, gründlich, sorgfältig;

dumm sein: einfältig, ungebildet, unbegabt, unklug, unbelehrbar, uneinsichtig, unwissend, planlos, unüberlegt, leichtsinnig, unvorsichtig, kindisch, engstirnig;

wütend sein: zornig, wutentbrannt, jähzornig, tobend, brüllend;

klug sein: intelligent, gescheit, pfiffig, scharfsinnig, geistreich, blitzgescheit, aufgeweckt, begabt, gebildet, verstehen, begreifen, erkennen, durchschauen;

klug handeln: vernünftig, besonnen, vorsichtig, weitsichtig, durchdacht, planmäßig;

gefährlich sein: riskant, risikoreich, bedenklich, abenteuerlich, beunruhigend, bedrohlich, alarmierend, lebensgefährlich, halsbrecherisch, tödlich, bösartig, brutal;

ungefährlich sein: gefahrlos, risikolos, unbedenklich, unschädlich, sicher, harmlos, gutmütig, offenherzig, friedlich, zahm, freundlich, ehrlich;

mutig sein: tapfer, unerschrocken, furchtlos, kühn, heldenhaft, todesmutig, risikofreudig;

groß sein: riesig, riesengroß, gigantisch, mächtig, unübersehbar, hoch, lang, breit, geräumig, umfangreich, enorm, berühmt, angesehen, wichtig, einflussreich;

leise sein: still, ruhig, lautlos, geräuschlos, mucksmäuschenstill, totenstill, wortlos, stumm, flüsternd, schweigend, verstummend;

laut sein: lautstark, lärmend, geräuschvoll, brüllen, unüberhörbar, ohrenbetäubend, schreien, kreischen, dröhnen, poltern, donnern, Krach machen;

stark sein: kräftig, bärenstark, muskulös, fit, willensstark, ausdauernd, hartnäckig;

6.1.4 Formulierungen zum Ausdrücken von Gefühlen

Über Gefühle kann man sprechen, Gefühle kann man zeigen, man kann Gefühle aber auch verbal ausdrücken. Hierdurch kann der Leser die Gefühle wahrnehmen. Es gibt Redewendungen, die zum Ausdruck bestimmter Gefühle verwendet werden.

Formulierungen für **„Mut haben“**:

- Ich nahm meinen ganzen Mut zusammen …
- Sie sah der Gefahr ins Auge …
- Ich fürchtete weder Tod noch Teufel …
- Er riskierte Kopf und Kragen …
- Sie schreckte vor nichts zurück …

Formulierungen für **„Angst haben“:**

- Meine Knie zitterten/schlotterten …
- Er hielt vor Schreck den Atem an …
- Ihm ist das Herz in die Hose gerutscht …
- Sie bekam am ganzen Körper eine Gänsehaut …
- Ich blieb wie angewurzelt stehen …

Formulierungen für **„zufrieden sein“**:

☺… fühlte sich wohl in seiner Haut …

☺… hatte gute Laune …/ ... war gut gelaunt ...

☺… machte … Spaß …

Formulierungen für **„glücklich sein“**:

- ➢ Ich strahlte vor Glück …
- ➢ Ich machte vor Freude einen Luftsprung …
- ➢ Er stieß einen Freudenschrei aus …
- ➢ Sie schwebte im siebten Himmel …
- ➢ Freudentränen stiegen in meine Augen …

Formulierungen für **„fröhlich sein“**:

☺ Sie hielt sich den Bauch vor Lachen …

☺ Er lachte Tränen …

☺ Ich bekam einen Lachanfall …

☺ Er hätte sich totlachen können …

Formulierungen für **„frohe und glückliche Menschen“**:

👍 Glückspilz, Glückskind, Sonntagskind

👍 Spaßvogel, Witzbold, Luftikus

Formulierungen für **„dumm handeln“**:

- ➢ Ich beging eine große Dummheit …
- ➢ Er handelte ohne Sinn und Verstand …
- ➢ Sie war von Sinnen …
- ➢ Sie spielte verrückt …
- ➢ Sie verstieß gegen alle Regeln der Vernunft …
- ➢ Das Ganze hatte weder Hand noch Fuß …

Formulierungen für **„Pech haben“**:

☹ Ich war vom Pech verfolgt …

☹ Das Pech klebte an mir …

☹ Ich erlebte einen großen Schlamassel …

☹ Ich saß ziemlich in der Patsche …

☹ Eine schöne Bescherung …

☹ Ein schwerer Schicksalsschlag …

☹ Es war wie verhext, alles ging schief!

6.1.5 Redewendungen

Einen Bock schießen	einen schweren Fehler machen
Sich ein/*kein* Bein ausreißen	sich große/*keine* Mühe geben
Tina hat mal wieder klein beigegeben	Tina hat mal wieder nachgegeben
Sich ins Zeug legen	hart arbeiten / sich bemühen
Jemanden den Kopf waschen	jemanden tadeln/schimpfen
Sich die Hörner abstoßen	eigene Erfahrungen machen
Jemanden auf den Leim gehen	von jemanden reingelegt werden
Der Aufsatz war nicht das Gelbe vom Ei	Der Aufsatz war nicht sehr gut
Die Füße in die Hand nehmen	sich beeilen
Jemanden auf die Schippe/den Arm nehmen	jemanden ärgern/necken
Die Frau hat aber Haare auf den Zähnen	Die Frau ist sehr unfreundlich
Max hat plötzlich kalte Füße bekommen	Max hat plötzlich Angst bekommen
Der findet immer ein Haar in der Suppe	Der ist immer unzufrieden und findet einen Grund zu meckern

6.1.6 Redewendungen mit Tieren

- … schlau wie ein Fuchs …
- … Augen wie ein Adler …
- … Ohren wie ein Luchs ...
- … störrisch wie ein Esel …
- … scheu wie ein Reh …
- … zwei Fliegen mit einer Klappe schlagen …
- … stolz wie ein Pfau …
- … die Katze im Sack kaufen …
- … die Katze aus dem Sack lassen …
- ... keiner Fliege was zu Leide tun …
- … das pfeifen schon die Spatzen vom Dach …
- … aus einer Mücke einen Elefanten machen …
- … ein Wolf im Schafspelz …
- … falsch wie eine Schlange …
- … Schwein haben …
- … schnell wie ein Wiesel …
- … da lachen ja die Hühner …
- … mit jemanden ein Hühnchen rupfen …
- … ein blindes Huhn findet auch mal ein Korn …
- … blind wie ein Maulwurf …
- … einen Frosch im Hals haben …
- … stumm wie ein Fisch …
- … bekannt wie ein bunter Hund …
- … kein Hahn kräht mehr danach …
- … mit dir kann man Pferde stehlen …
- … hier sagen sich Fuchs und Hase Gute Nacht …
- …seine Schäfchen im Trockenen haben …
- … ein schwarzes Schaf sein …
- … einen Kater haben …
- … die sind wie Hund und Katz …

Übung 11 – Um welche ‚tierischen' Redewendungen handelt es sich?

Wohnt jemand recht abgeschieden, so wohnt er …

✏ ______________________________

Einen besonders gerissenen Menschen bezeichnet man als …

✏ ______________________________

Ist jemand besonders schüchtern, so bezeichnet man ihn als …

✏ ______________________________

Bist du heiser und kannst kaum reden, dann hast du einen …

✏ ______________________________

Wenn du dir finanziell keine Sorgen machen musst, dann hast du deine …

✏ ______________________________

In der Familie baut meine Cousine immer nur Mist, sie ist … der Familie.

✏ ______________________________

Ein Mensch, der immer harmlos tut und wirkt, in Wirklichkeit aber eher Böses im Sinn hat, nennt man …

✏ ______________________________

Gibt jemand endlich ein Geheimnis preis, so lässt er …

✏ ______________________________

Wenn man auf einer Party zu viel getrunken hat, hat man am nächsten Tag …

✏ ______________________________

Kaufst du etwas, ohne es vorher gesehen zu haben, so kaufst du …

✏ ______________________________

Wenn du an einem Tag richtig Glück gehabt hast, dann hast du …

✏ ______________________________

Lösung Übung 11 siehe Lösungsteil Kapitel 9.

Wenn jemand sehr schlecht sieht, dann ist er blind wie …

✐ ____

Jemand, den jeder kennt, der ist bekannt, wie ein …

✐ ____

Einen Menschen, der kaum redet, bezeichnet man als …

✐ ____

Leute, die ständig streiten, sind wie …

✐ ____

Jemandem, der sehr gute Augen hat, sagt man nach, er hat Augen wie ein …

✐ ____

Jemand, der außergewöhnlich gute Ohren hat, hört wie ein …

✐ ____

Jemand, der sehr flink ist, bezeichnet man als flink wie ein …

✐ ____

Ist etwas sehr lächerlich oder unglaubwürdig, so sagt man: „Da …“

✐ ____

Kümmert eine Angelegenheit kaum mehr einen Menschen, dann …

✐ ____

Übung 12 zu Adjektiven/Adverbien:

Suche für die fett gedruckten Wörter in den unten angegebenen Sätzen andere Formulierungen!

Besonders gut finde ich die **bunten** Farben.

____

Ich finde den Film sehr **interessant**.

anregend

Ich bin **glücklich,** dass ich dich habe.

begeistert

Mit seiner Hilfe kann ich jetzt **aufregende** Aufsätze schreiben.

____

Ich will mein neues Fahrrad **vorsichtig** behandeln.

____

Ein **kaputtes** Album sieht nicht **schön** aus.

wunderschön

Meine Aufsätze sind nicht mehr **uninteressant**.

____

Jetzt bin ich beim Aufsatzschreiben nie mehr **unzufrieden**!

____

Polizisten leben sehr **gefährlich**.

____

Sie müssen **mutig** sein und dürfen keine Angst haben.

____

Ein **unbeschwerter** Clown lebt dagegen völlig **ungefährlich**.

____

Darum ist er oft **lustig** und nie **verärgert**.

____

Du wirkst sehr **zufrieden**.

___

Ich werde mich bemühen, **schön** zu schreiben.

wunderschön, bezaubernt

Nur **dumme** Menschen finden das Buch **uninteressant**.

langweilig

Liebe Nina, ist das nicht ein **lustiges** Buch?

witzig

Als ich gestürzt war, half mir der **freundliche** Herr.

___

Ich bin sehr **klug**.

schlau

Ich finde es **spannend**, neue Wörter zu suchen.

atemberaubend

Wenn mich jemand ärgert, werde ich leicht **wütend**.

sauer

Ich will nicht immer **schlecht** sein.

___

Ab heute werde ich **besser** lernen.

gut

Ich kann mich **leise** verhalten, aber auch **laut** sein.

flüstern

Außer einem **kleinen** Wesen war nichts auf der **einsamen** Straße zu sehen.

___

Meine **hübsche** Schwester geht selten ungeschminkt aus dem Haus.

schön

Lösung Übung 12 siehe Lösungsteil Kapitel 9.

6.2 Verschiedene Aufsatzformen

Begründete Stellungnahme / Erörterung

Folgende **Regeln** solltest du beachten, um eine gute ‚Begründete Stellungnahme' zu schreiben:

- Die Erzählform einer begründeten Stellungnahme ist die Gegenwart.
- Du stellst in der Einleitung eine These auf,
- welche du mit guten Argumenten im Hauptteil belegst
- und mit sachlichen Beispielen weiter untermauerst.
- Zum Schluss spannst du einen Bogen zur Einleitung, um deine Ausführungen abzurunden. Vermeide an dieser Stelle neue Argumente aufzulisten.

Damit deine Stellungnahme gelingt, solltest du folgende **Arbeitsschritte** anwenden:

- Stoffsammlung
- Stoffordnung
- Gliederung
- Ausführung (Einleitung, Hauptteil, Schluss)

Um in einer Erörterung oder begründeten Stellungnahme deine Meinung darzustellen, sind folgende Satzanfänge nützlich:

Beispiele für **gleichwertige Argumente**:

- Ein weiterer Aspekt / Punkt …
- Außerdem ...
- Ferner ist zu erwähnen ...
- Zuletzt sei angemerkt ...

Beispiele für **verstärkende/steigernde Argumente:**

- Wichtiger erscheint ...
- Besonders betont werden muss …
- Des Weiteren ist zu betonen ...
- Noch bedeutsamer ist ...
- Der wichtigste Aspekt …

Beliebte **Themen** für eine begründete Stellungnahme/Erörterung:

- Trennung von Mädchen und Jungen im Unterricht
- Einführung von Schulkleidung
- Für und wider Rauchen in Gaststätten
- Sollten Kinder/Jugendliche einen Fernseher im Zimmer haben?

Bericht

Um einen guten Bericht zu schreiben, solltest du folgende Regeln beachten:

- Die Erzählform eines Berichts ist das Präteritum.
- Die Sprache sollte sachlich sein, es wird keine Spannung aufgebaut.
- Du solltest dich an Fakten halten und nichts hinzufügen.
- Ein Bericht wird kurz, aber sachlich und genau erzählt, Gefühle, Kommentare und eigene Gedanken haben hier keinen Platz.
- Achte auf die Einhaltung der richtigen zeitlichen Abfolge.

Ein Bericht ist, wie jeder andere Aufsatz auch, aufgeteilt in:

Einleitung, Hauptteil, Schluss

- In der Einleitung gehst du auf die wichtigsten W-Fragen ein (Was ist wem, wann und wo passiert).
- Im Hauptteil wird das Geschehen kurz und sachlich und vor allem in der richtigen Reihenfolge erzählt. Antwort auf weitere W-Fragen (Was, wie, warum).
- Im Schluss rundest du das Geschehen ab, indem du eine kurze Zusammenfassung erstellst oder die Folgen des Geschehens (Ausblick in die Zukunft) beschreibst.

Folgende Wörter dienen dazu deinen Bericht abwechslungsreich zu halten und zeitliche Abfolgen einzuleiten:

Zuerst, bevor, danach, nachdem, später, endlich, gestern, kurz darauf, kurze Zeit später, anschließend, während, gerade als, in dem Moment, zuletzt, am Ende

Beliebte Themen für einen Bericht sind:

- Unfallbericht (Bericht aus Sicht eines Betrachters/Zeugen oder eines Beteiligten)
- Ferienbericht (Du berichtest aus deinen Weihnachts- oder Sommerferien)
- Polizeibericht
- Erlebnis- oder Erfahrungsbericht (Bericht über eine Klassenfahrt, Lesenacht …)
- Tätigkeitsbericht (Bericht über die Tätigkeit in einem Praktikum)

7 Übungen zu Schulaufgaben und Stegreifaufgaben

7.1 Übungen zu Grammatik und Rechtschreibung

7.1.1 Kurzarbeit 1

1) Ergänze im folgenden Text die Fachbegriffe. Verwende dafür die lateinischen Begriffe! 8

Die Grundform eines Verbs nennt man im Lateinischen:

____

Ein Verb kann man in verschiedene Zeiten setzen, diese nennt man auch

____.

Die Gegenwart oder auch ____________________ genannt,

verwendet man dann, wenn man ausdrücken will, dass etwas im ‚Jetzt'

geschieht oder aber _________________________ ist.

In der deutschen Sprache haben wir drei Vergangenheitsformen, die

1. Vergangenheit heißt auch _________________________, die

2. Vergangenheit ______________________ und die

3. Vergangenheit bezeichnet man auch _________________________

Für den geschriebenen Text in der Vergangenheit verwenden wir das

____________________________________ .

2) Bilde die Infinitivformen dieser Verben und gib an, in welcher Zeit die Verben stehen! 4

a) bot ____

b) hat getreten ____

c) gelang ____

d) hatte getrieben ____

3) Bestimme im folgenden Satz die Wortarten, die in der unten angegebenen Tabelle stehen! Die Groß und Kleinschreibung wurde im Text absichtlich außer Acht gelassen! Gib bei den Verben das Tempus an. Unterstreiche alle Zeitangaben. 12

„hochmut kommt vor dem fall", hörte er seine verstorbene mutter sagen. er bekreuzigte sich, sah zum himmel und kurz regte sich livinius gewissen. „darf ich das?", aber noch ehe der satz ausgedacht war, verwarf ihn livinius auch schon wieder. „wer stellt sich heutzutage schon die frage, was man darf und was nicht. was ist schon moral? die ist bereits mit meiner mutter gestorben!

hochmut		seine	
dem		bekreuzigte	
verstorbene		verwarf	
kurz		ehe	
regte		ihn	
gewissen		heutzutage	

4) Finde andere Wörter mit derselben oder einer ähnlichen Bedeutung (Synonyme) , die ebenfalls im Text aus Aufgabe 3 einsetzbar wären. 5

Hochmut	
ehe	
verstorbene	
heutzutage	
bereits	

6

5) Bestimme die Fälle der unterstrichenen Wörter, verwende die lateinischen Begriffe!

„Die Welt ist schlecht und wenn ich noch ein bisschen schlechter bin, was verändert das schon?“ „Alles“, kam die prompte Antwort seines Gewissens, aber er verwarf sie und ging weiter. Forsch, mit seinen stahlblauen Augen nach vorne blickend, wissend, bisher alles bekommen zu haben, was er wollte, schritt er voran.

Welt	
ich	
Antwort	
Gewissens	
Augen	
er	

11

6) Bilde den Plural zu folgenden Nomen!

Kaktus ____________________
Lexikon ____________________
Atlas ____________________
Datum ____________________
Praktikum ____________________
Konto ____________________
Prinzip ____________________
Drama ____________________
Kasus ____________________
Tenor ____________________
Tempus ____________________
Antibiotikum ____________________

Viel Erfolg!

Von 46 Punkten hast du ____ Punkte erreicht.

7.1.2 Extemporale 2 – Die vier Fälle

1) Benenne die vier Fälle mit ihren lateinischen Bezeichnungen und der Frage, die du zur Bestimmung stellst! 8

	Lateinische Bezeichnung	**Frage**
1.		
2.		
3.		
4.		

2) Bestimme in den folgenden Sätzen die Fälle der Nomen und schreibe sie darunter. Benutze die lateinischen Begriffe. 8

a) Das Pferd des Barons warf den Mann aus dem Sattel.

Pferd	
Barons	
Mann	
Sattel	

b) Der Lehrer zeigt an der Tafel den Lösungsweg der Aufgabe.

Lehrer	
Tafel	
Lösungsweg	
Aufgabe	

9

c) Der Tennislehrer erklärt die Spielregeln des Turniers.

Tennislehrer	
Spielregeln	
Turniers	

d) Der Vater kauft dem Sohn eine neue Schultasche in München.

Vater	
Sohn	
Schultasche	

e) Der König gibt dem armen Mädchen die goldene Kette zurück.

König	
Mädchen	
Kette	

8

3) Wie nennst du diese Tiere genau?

Männliche Ente ______________________

Männliche Gans ______________________

Männliche Maus ______________________

Weibliches Schwein ______________________

Schweinchenkinder ______________________

Männliches Wildschwein ______________________

Jungen des Wildschweins ______________________

Jungen der Kuh ______________________

4) Unterstreiche im Text das Subjekt, kreise die Akkusativobjekte blau ein und die Dativobjekte grün.  Quelle: www.hexeklex.de **„Berauscht von seinem Mut und Erfindungsgeist produzierte Livinius am nächsten Morgen seinen ersten Trank, der seine Welt verändern sollte. Die Eberraute hatte ihn nicht enttäuscht und die Wirkung hergestellt, die er wollte, nur das schöne Neongrün wich einem Kackbraun."** (aus „Livinius" von M. Reichel)	5
5) Setze die passenden Ausdrücke ein! Alte Butter schmeckt ____________________. Wenn Mandeln alt werden, schmecken sie __________________. Ist die Sonne tagsüber nicht zu sehen, so ist der Himmel _______________________. Ein Buch, das nicht langweilig ist, ist _________________. Ein Sachbuch, aus dem du viel Neues erfährst, ist _________________.	5

Viel Erfolg!

Von 43 Punkten hast du ____ Punkte erreicht.

7.1.3 Kurzarbeit 3

WER TÄGLICH DIE TAGESZEITUNG LIEST, IST STETS ÜBER ALLES AKTUELLE UND VIEL INTERESSANTES UND AUFSEHENERREGENDES INFORMIERT. WO SICH ETWAS SCHRECKLICHES EREIGNET, IST SOFORT EINE HORDE SENSATIONSLÜSTERNER REPORTER ZUR STELLE. NEBEN DEN SENSATIONSNACHRICHTEN FINDEST DU IN DER ZEITUNG AUCH VIEL INFORMATIVES ÜBER VERANSTALTUNGEN IN DEINER STADT, SO WIE DAS KINO- UND THEATERPROGRAMM. DER SPORTTEIL FÜR SPORTBEGEISTERTE DARF NATÜRLICH AUCH NICHT FEHLEN. ABER AUCH DIESE NACHRICHTEN SIND NICHT IMMER ERFREULICH. FÜR DIE FANS GIBT ES OFT NICHTS SCHLIMMERES ALS ÜBER DAS VERSAGEN IHRER MANNSCHAFT ZU LESEN, ABER AUCH KAUM WAS SCHÖNERES ALS SICH DETAILLIERT ÜBER DEN SIEG DER EIGENEN MANNSCHAFT ZU INFORMIEREN. NATÜRLICH DARF AUCH DER WETTERBERICHT MIT DEM DREITAGETREND IN KEINER TAGESZEITUNG FEHLEN, AUCH WENN NICHT IMMER EINTRITT, WAS DA AN ERFREULICHEM ODER WENIGER ERFREULICHEM BERICHTET WIRD.

1. Schreibe den obenstehenden Text unter Berücksichtigung der Groß- und Kleinschreibung ab! 30

Wer täglich die Tageszeitung liest, ist stets über alles Aktuelle und viel Interessantes und Aufsehenerregendes informiert. Wo sich etwas Schreckliches ereignet, ist sofort eine Horde sensationslüsterner Reporter zur Stelle. Neben den Sensationsnachrichten findest du in der Zeitung auch viel Informatives über Veranstaltungen in deiner Stadt, so wie das Kino und Theaterprogramm. Der Sportteil für Sportbegeisterte darf natürlich auch nicht fehlen. Aber auch diese Nachrichten sind nicht immer erfreulich. Für die Fans gibt es oft nichts Schlimmeres als über das Versagen ihrer Mannschaft zu lesen, aber auch kaum was Schöneres als sich detailliert über den Sieg der eigenen Mannschaft zu informieren. Natürlich darf auch der Wetterbericht mit dem Dreitagetrend in keiner Tageszeitung fehlen, auch wenn nicht immer eintritt, was da an Erfreulichem oder weniger Erfreulichem berichtet wird.

2. Unterstreiche im Text alle Adjektive blau, Verben orange, *Nomen grün*.	23,5
3. Unterstreiche im Text alle substantivierten Adjektive gelb, *substantivierte Verben braun*.	5
4. In welchem Tempus ist der obige Text geschrieben? 🕮 ______________________________	1

Lies noch einmal alles durch!

Von 59,5 Punkten hast du __________ erreicht.

7.1.4 Kurzarbeit 4

1. Bestimme die Satzglieder, indem du sie in die Tabelle einträgst. 16

1. Wer täglich die Tageszeitung liest, ist stets über alles Aktuelle und viel Interessantes und Aufsehen erregendes informiert.
2. Wo sich etwas Schreckliches ereignet, ist sofort eine Horde sensationslüsterner Reporter zur Stelle.
3. Der Sportteil für Sportbegeisterte darf natürlich auch nicht fehlen.
4. Aber auch diese Nachrichten sind nicht immer erfreulich.

	Satz 1	**Satz 2**	**Satz 3**	**Satz 4**
Nominativ				
Genitiv				
Dativ				
Akkusativ				
Prädikat				
lokale Adverbiale				
temporale Adv.				
modale Adv.				
kausale Adv.				
präpositional Objekt				

2. Bestimme für folgende Verben den <u>Infinitiv</u>: 6

	Infinitiv
bot	
sah	
ging	
trank	
sank	
klang	

3. Benenne für folgende Verben die erste und zweite Vergangenheit und das Futur: 18

	1. Vergangenheit	2. Vergangenheit	Futur 1
ich bete			
du kriechst			
es klingt			
wir rufen			
ihr geht			
sie schwimmen			

4. Bestimme Numerus, Genus und Kasus der unterstrichenen Wörter im nachstehenden Satz. Du kannst hierbei die geläufigen Abkürzungen benutzen. 12

„Die Schulkinder hatten fast sieben Wochen Ferien, doch die meisten Kinder freuen sich nicht auf die Schule."

Schulkinder	
Wochen	
Ferien	
Schule	

5. Verwende die folgenden Präpositionen im Zusammenhang mit einem beliebigen Nomen oder Pronomen und bestimme jeweils den Fall: 10

ohne ______________________ Fall ________________

abseits ______________________ Fall ________________

mit ______________________ Fall ________________

seit ______________________ Fall ________________

infolge ______________________ Fall ________________

6. Welche Arten von Adverbien kennst du? 4

____

____

7. Nenne zu jeder Adverbienart zwei Beispiele! 4

_______________ _______________

_______________ _______________

8. Bestimme das Genus der Wörter in der folgenden Tabelle und schreibe dabei die Fachbegriffe aus. 8

die Hunde		die Jungen	
die Bücher		die Spiele	
die Leiter		die Schafe	
die Mädchen		die Flüsse	

9. Übung ss, ß, s - Setze richtig ein... 16

Marco sitzt auf dem Se___el und hat ein schlechtes Gewi___en. Er hat noch nicht für da___ Diktat geübt, da___er morgen in der Schule schreiben mu___.

Er hatte einen sehr hä___lichen Tag, alles war mi___lungen. Eigentlich wollte er ins Schlo___museum gehen. Als er an der Ka___e stand, bemerkte er, da___ er seine Geldbör___e nicht dabeihatte. Er ra___te nach Hause und stellte fest, da___ er zu allem Überdru___ auch den Schlü___el verge___en hatte.

Als er zu seinen Fü___en herabsah, mu___te er erkennen, da___ er nicht einmal Schuhe anhatte. Es begann zu regnen. Er lief zu seinem besten Freund, dessen Mama einen Zweitschlü___el besa___. Völlig durchnä___t kam er dort an. Die Mutter seines Freundes bat ihn herein, obwohl sie gerade beim E___en waren. Er durfte sich aus der Schü___el bedienen und versuchte anschlie___end möglichst ordentlich mit Me___er und Gabel zu e___en. Auch der Hund Bello bekam seinen Fre___napf und freute sich auf seinen Fra___. Marco spielte mit seinem Freund Jan-Philipp und am Ende hatte er doch noch ein bi___chen Spa___ gehabt an diesem na___en Tag.

Viel Erfolg!
Von 94 Punkten hast du _______ erreicht.

7.1.5 Schulaufgabe / Kurzarbeit 5

Fälle, Präpositionen, Kasus, Genus, Rechtschreibung

1. Bestimme den Kasus der unterstrichenen Ausdrücke, indem du sie gemäß der Nummerierung in die Tabelle schreibst. 10

Mit dem neuen Handy (1) ihres Bruders (2) schickte Nina (3) ihrer Freundin Lisa (4) eine SMS (5).

Sofort erhielt Nina (6) eine Antwort (7) von Lisa (8).

Sie bestätigte Ninas (9) Einladung (10) ins Schwimmbad.

Ausdruck	Kasus	Ausdruck	Kasus
1		6	
2		7	
3		8	
4		9	
5		10	

2. Verwende die folgenden Präpositionen im Zusammenhang mit einem beliebigen Nomen oder Pronomen und bestimme jeweils den Fall: 12

gegen ____________________ Fall ____________________

zu ____________________ Fall ____________________

mit ____________________ Fall ____________________

innerhalb ____________________ Fall ____________________

anstelle ____________________ Fall ____________________

aus ____________________ Fall ____________________

3. Kommaübung, setze die fehlenden Kommata richtig ein. 8

1. Ein Schäferhund ist größer als ein Dackel.
2. „Übt alle fleißig!" mahnte der Lehrer.
3. Er verhält sich so wie es der Lehrer von ihm erwartet.
4. Zum Nachtisch gibt es nichts Süßes sondern Obst und zwar Äpfel Birnen Erdbeeren und sogar Ananas.
5. Ich bemühe mich aber ich schaffe es nicht.
6. Ich wurde rot wie eine Tomate.
7. Ich erklärte ihm wie ich das zeichnen würde.
8. Wenn ich spazieren gehe ziehe ich eine Jacke an.

4. Dekliniere folgende Nomen mit dem bestimmten Artikel, beachte den Numerus! 12

Garten im Plural	**Stuhl** im Singular	**Ente** im Plural

5. Vervollständige den nachstehenden Text, um die fehlenden Vokale und Konsonanten. 19

Pauls Alltag

Frü___ ___orgens, nachdem sein We___ker geklingelt hat, st____t Paul auf. Als erstes ge___t er ins Badezi____er und w___scht sein Gesicht. Anschlie___end fü___lt er sich frisch und l____ft zum Frü___stückstisch. Meistens i____t er ein Müsli und trinkt eine Ta____e T____. Be___or er da___ Haus verlä___t, pu____t er sich noch die Zä___ne. Er l___ft zur S-Ba___n und ist ungef_____r 40 Minuten sp___ter in der Schule. Dort lernt er v___l über M_____re, Flü____e und S____n, Geometr____ und Algebra, Gra____atik und Rechtschreibung. Nat____rlich darf auch der Sport nicht fe____len. In den Pausen tobt er mit seinen Freunden herum oder sp____lt Tischte____is. Am Nachmi_____ag macht er seine Hausaufgaben, bereitet sich auf seinen nä_____ten Tag vor, übt Klav____r und tri_____t nat____rlich noch seine Freunde.

6. Bestimme die Wortarten! 8

„Schon vor zwei Wochen hatte Peter mir zwei Karten für das ausverkaufte Bayernspiel am Sonntag geschenkt. Deshalb fuhr ich am Wochenende mit Franz nach München“.

zwei	
ausverkaufte	
am	
mir	
deshalb	
Wochen	
mit	
nach	

7. In folgendem Text haben sich leider Fehler eingeschlichen. Markiere die falschen Wörter und schreibe sie korrekt in die Zeile darunter. 12

Bayern ligt bei der Arbeitslohsigkeit weit unter dem Bundesdurchschnit.

____

Die angeneme Lage, in der Näe zu den Alpen und zu Italien läst vile Menschen

____

nach Bayern zien. Auch Firmen haben sich vor allem in der Gegent um München

____

und Nürnberg angesidelt und damit zalreiche Arbeitsplätze geschafen.

____

8. Ersetze das Wort „machen" in den Sätzen durch einen besseren Ausdruck. Seine Arbeit machen. __________ Ein Abendessen machen. __________ Eine Reise machen. __________ Aus Windkraft Strom machen. __________ Jemandem Angst machen. __________ Den Computer anmachen. __________ Hier musst du ein Fragezeichen machen. __________ Jemandem Sorgen machen. __________ Etwas zu Ende machen. __________	9
9. Welche Arten von Adverbien kennst du? __________ __________	4
10. Nenne zu jeder Adverbien-Art zwei Beispiele! __________ __________ __________ __________ __________ __________ __________ __________	8

Kontrolliere noch mal alles! Viel Erfolg!

Von 102 Punkten hast du _____ Punkte erreicht!

7.2 Übung zu Synonyme

1) Ersetze die Begriffe in der Tabelle durch ein Synonym! 20

Ein Synonym ist ein Ausdruck mit **gleicher oder sehr ähnlicher** Bedeutung.

Beispiel: schön - hübsch

Passant 	
Hoffnung	
Katastrophe	
Antlitz	
Brötchen	
Gedränge	
Fleischer	
in Panik geraten	
nachdenken	
schlafen	
dauerhaft	
Mumm	
schädlich	
abgeben	
Wut	
Karriere	
teuer	
sparsam	
unehrlich	
außergewöhnlich	

10

2) Ersetze in den folgenden Sätzen die unterstrichenen Wörter durch ein passendes Synonym. Manchmal kannst du auch mehrere Kreuze setzen! Für jedes falsche Kreuz wird dir jedoch ein Punkt abgezogen!

a) Einige Hunde unterscheiden sich von anderen durch erstaunlich viele Merkmale.	☐ äußerst ☐ besonders ☐ außergewöhnlich ☐ hervorragend ☐ überraschend
b) Julian isst vermutlich am liebsten Nudeln.	☐ angeblich ☐ sicherlich ☐ hauptsächlich ☐ wohl ☐ wahrscheinlich
c) Das Buch ist sehr mitreißend geschrieben. 	☐ mitfühlend ☐ gefühlvoll ☐ fesselnd ☐ realistisch ☐ spannend
d) Leonie ist sehr gewandt mit dem Ball.	☐ gescheit ☐ gefühlvoll ☐ geschickt ☐ gelenkig ☐ geschwind
e) Das verheißt nichts Gutes!	☐ meint ☐ glaubt ☐ bedeutet ☐ gibt ☐ fordert ☐ besagt
f) Der alte Mann hatte beim Spiel eine beträchtliche Geldsumme verloren. 	☐ angemessene ☐ enorme ☐ erhebliche ☐ vergebliche ☐ riesige ☐ erstaunliche

7.3 Übung zu Antonyme

Ein Antonym ist ein Ausdruck, der die gegensätzliche Bedeutung eines anderen Wortes hat. **Beispiel**: **heiß ➔ kalt**

Finde zu jedem Begriff das passende Antonym: 28

Tag	
gesund	
hoch	
schmutzig	
Gedränge	
tot	
in Panik geraten	
Glück	
schlafen	
Sklave	
Segen	
schädlich	
Amateur	
schwarz	
dick	
weinen	
Krieg	
Großzügigkeit	
friedliebend	
häufig	
behaupten	
geschwätzig	
Nachkommen	
Anstieg	
abbremsen	
kopflos	
Geld verprassen	
Erfolg	

7.4 Übung zu Homonyme

Ein Homonym ist ein Ausdruck, der für verschiedene Begriffe steht, d. h. mehrere Bedeutungen haben kann. **Beispiel**: Hahn: männliches Huhn oder Wasserhahn

Erkläre folgende Homonyme! 40

Schreibe jeweils mindestens zwei Beispiele auf.

Schlange	
Kiefer	
Drachen	
Pflaster	
Herz	
Spritze	
Schuppen	
Nagel	
Schild	
Krone	
Decke	
Fliege	
Boxer	
Hahn	
Schwester	
Löffel	
Arm	
Ball	
Tau	
Strauß	

7.5 Jahrgangsstufentest 1

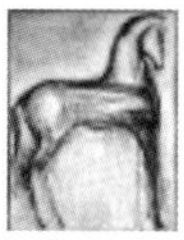

Die Geschichte des Reitens

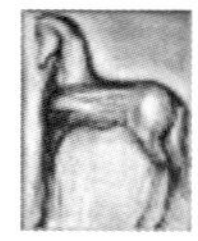

1. Ob Pferde wohl Charakter haben? Und ob! Ich würde ihre Hauptmerkmale so beschreiben: vor allem gutwillig; und das, obgleich sie sehr stark und auch schnell sind. Es ist heute schwer zu sagen, wann genau der Mensch damit begann Pferde zu reiten oder sich auch andere Tiere - wie Kamele, Esel oder Strauße - nutzbar zu machen. Wir wollen uns in erster Linie mit der Domestizierung des Pferdes und dem Reitsport befassen.

Wann genau diese stattfand und wo, ist unklar. Einigen Theorien zufolge fand die Zähmung des Pferdes zum Hauspferd 3000 vor Christus in Zentralasien statt; andere gehen von 5000 vor Christus aus. Neueste Untersuchungen an Fossilien ergaben, dass die Domestizierung nicht nur an einem Ort, sondern an vielen unabhängig voneinander begann. Untersuchungen im Jahre 2002 bestätigten, dass es mindestens 77 Stammtypen von Stuten gab, was darauf hindeutet, dass an verschiedenen Orten der Welt Wildpferde gezähmt und gezüchtet wurden.

----

2. Das Pferd und dessen Domestikation hatte für den Menschen in den unterschiedlichsten Regionen große Vorteile, denn seine Schnelligkeit und Kraft wurde nicht nur zur Überwindung weiter Strecken oder als Arbeitstier in der Landwirtschaft eingesetzt, sondern diente auch im Krieg.

----

3. Im alten Orient z. B. setzten die Großreiche der Assyrer, Hethiter und Hyksos systematisch das Pferd im Krieg ein. So konnten die Hyksos in einem Blitzkrieg ganz Ägypten überrennen. Das geschah vor allem daher, weil den Ägyptern Pferde um das Jahr 1700 vor Christus noch gar nicht bekannt waren.

Auch bei den nomadischen Völkern geht man von einer frühen Nutzung des Pferdes aus. Diese erfanden z. B. bereits im dritten Jahrhundert vor Christus den Sattel und das Zaumzeug und aus ihnen gingen zahlreiche Reitvölker hervor.

Nun war es nur noch ein kleiner Schritt bis zur Erfindung des so genannten Streitwagens im Kampfe (Römer). Dennoch hatte der Sattel - aufgrund der enormen Beweglichkeit die er dem Kämpfer ermöglichte - weiterhin große Vorteile.

Uns aber interessiert natürlich in erster Linie, ab wann das Pferd in Europa als Haustier heimisch wurde. Auch dies ist umstritten, aber durch Fossilien kann man auf jeden Fall eine Nutzung sowohl ab der Altsteinzeit als auch nach der Wiederbewaldung im Anschluss an die letzte Eiszeit belegen.

Definition: **Domestizierung** oder **Domestikation**
ist ein Veränderungsprozess von Wildtieren, bei dem diese durch den Menschen über Generationen hinweg von der Wildform genetisch isoliert gehalten werden. Damit wird ein Zusammenleben mit dem Menschen oder Nutzung durch diesen, anschaulich in dessen Haus (lat. *domus*), ermöglicht.
(Quelle: Wikipedia)

4. Bleibt aber die Frage: Wann wurde das Pferd im heutigen Sinne als Reittier genutzt? Die Idee, das Pferd gezielt zum Reiten auszubilden, entwickelte sich erst in der griechischen Antike: Zum Beispiel der Reiterführer Xenophon, Sohn einer wohlhabenden Athener Familie, schuf um etwa 370 vor Christus eine erste vollständig erhaltene Reitvorschrift „Peri hippikes" („Über die Reitkunst"). Deren ethische Leitlinien sind heute noch gültig - und das, obwohl sich Xenophons Werk eigentlich auf die Ausbildung von Kriegspferden bezog. Beispielsweise war es Xenophon wichtig, dass Harmonie zwischen Reiter und Pferd herrschte. Er sah das Pferd als Individuum an. Sein Grundsatz lautete: „Was unter Zwang erreicht wurde, wurde ohne Verständnis erreicht (...)."

----

5. Neben der Verwendung des Pferdes im Kriege begann das Reiten auch im sportlichen Wettkampf eine Rolle zu spielen: So gab es bei den 71. Olympischen Spielen im Griechenland der Antike (496 vor Christus) ein Wettrennen auf Stuten. Im Römischen Reich war der Einsatz von Pferden bei den Spielen zur Belustigung des Volkes beliebt. So wurde das gelehrige Tier allmählich in ganz Europa zum wertvollen Helfer des Menschen.

Auch bei den Germanen galt das Pferd als ein unentbehrliches Gebrauchstier für Fortbewegung, Arbeit und Kampf. Allerdings gab es in unseren Breitengraden keine klassische Reitkunst wie im alten Rom oder Griechenland. Hier unterschied man in erster Linie ganz grob zwischen einer leichten Reiterei der Reitvölker und der schweren Panzer-Reiterei der „Ritter". Der Ursprung der Ritterreiterei ist in die Regierungszeit des Frankenkönigs Karl des Großen (768 – 814) zu datieren.

Der gepanzerte Reiter wurde zur gefährlichsten Waffe in dieser Zeit. Das hatte auch zur Folge, dass sein Ansehen stieg. Es entstand eine neue Oberschicht. Der Ritter wurde dem Adeligen gleichgestellt. In dieser Zeit bekamen auch die so genannten Ritterturniere gesellschaftliche Bedeutung und somit auch die Reiterei oder Reitkunst als solche. Ausdauer und Kondition waren Grundvoraussetzungen des Kampfes, bei dem die Ritter im Galopp in ihrer Rüstung aufeinander zuritten und versuchten, den Gegner mit der Lanze vom Pferd zu stoßen.

----

6. Erst im 16. Jahrhundert wandelte sich die Reiterei wieder zur Reitkunst im Sinne Xenophons. Ausgangspunkt war diesmal Neapel, wo sich viele Kunstreiter niedergelassen hatten. Von hier breitete sich die schulmäßige Reitkunst über ganz Italien aus. Es wurden Akademien gegründet, und die Reitkunst bekam einen festen Platz in der Ausbildung adeliger junger Männer. 1532 gründete der bekannteste Rittmeister dieser Zeit in Neapel seine Akademie. Frederico Grisone verfasste, nach dem Griechen Xenophon, das zweite grundlegende Werk über die Reiterei, wobei er allerdings nicht nur – wie einst Xenophon - die sanfte Reitkunst propagierte. Dieses Werk machte ihn zum „Vater der Reitkunst".

7. Das 18. Jahrhundert brachte dann aber wieder eine grundlegende Wende in der Reiterei und der Umgang mit dem Pferd wurde sanfter und verständnisvoller. Reiten wurde zur „Kunst“ erhoben und diente jetzt sogar der Repräsentation. Rohe Methoden wurden endgültig verworfen. Kaum 100 Jahre später aber kam es zu einem erneuten Rückfall in die Verrohung: Das Militär machte das treue Tier zum Kriegskameraden. Die Reiterei zu Repräsentationszwecken hatte keine Zukunft mehr. Pferde wurden nun nicht mehr nach Aussehen, Ausstrahlung und Gangart gezüchtet, sondern nach Geländesicherheit.

----

8. Dies änderte sich erst wieder am Ende des 19. Jahrhunderts, als die Engländer begannen, die Intelligenz und Schnelligkeit dieses treuen Tieres für sportliche Zwecke zu nutzen. Sie züchteten speziell ein leichtes, schnelles Pferd für ihre Fuchsjagden und reine Schnelligkeitsprüfungen. So wurde jetzt aus dem ehemaligen Kriegskamerad ein Sportsfreund.

An der „Royal Dublin Society" gab es die erste Pferdeschau mit den Disziplinen Springen, Dressur und Military.

In Deutschland veranstaltete die „Bayerische Campagne-Reiter-Gesellschaft" ihren ersten Wettkampf im Jahr 1895. Zwei Jahre später kam es zur Gründung des ersten Reitsportvereins, der den Pferdesport voranbrachte. 1912 wurden die ersten olympischen Reiter-Wettbewerbe mit Dressur, Jagdspringen und Military ausgerichtet.

Text: Miriam Reichel Bilder: Michael Reichel

Lies bitte die Fragen und Antworten genau durch. Bei falsch angekreuzten Antworten, wird dir ein Punkt abgezogen!

1) Textverständnis: 2

Die folgenden acht Ausdrücke sind dem Text des ersten Abschnitts entnommen. Unterstreiche die zwei Ausdrücke, die den Inhalt des Textes am ehesten wiedergeben!

Mensch	Pferd	Domestizierung	Stammtypen
Hauspferd	Reitsport	Theorien	Wildpferd

2) Textzusammenfassung, Textverständnis: 1

Was stellt der zweite Abschnitt dar? Kreuze richtig an!

☐ Zusammenfassung des ersten Abschnitts
☐ Geschichte des Pferdes
☐ Verwendung des Pferdes
☐ Überleitung zu Abschnitt 3 mit Einleitung

3) Textzusammenfassung, Textverständnis: 1

Der dritte Abschnitt ist

☐ eine Zusammenfassung des ersten Abschnittes.
☐ die Geschichte der Domestikation des Pferdes.
☐ die Geschichte der Ägypter.
☐ die erste Benutzung von Zaumzeug und Sattel.

4) Textzusammenfassung, Textverständnis: 2

Welche Begriffe beschreiben den Inhalt des 3. Abschnittes am besten? Wähle zwei aus und unterstreiche diese!

Wiederbewaldung	Orient	Herkunft	Funde
Krieg	Nutzbarmachung	Christus	Altsteinzeit

5) Textinhalt: 2

Welche zwei grundlegenden Werke der Reiterei nennt der Text. In welchen Abschnitten findest du diese?

Schrift-steller		Textabschnitt:
Schrift-steller		Textabschnitt:

6) Textzusammenfassung, Textverständnis: 8

Vergleiche die Aussagen anhand des Textes und kreuze das Zutreffende an!

a) Die erste gesicherte Domestikation des Pferdes fand in Rom statt.

☐ richtig ☐ falsch ☐ nicht enthalten

b) Pferde wurden nicht nur zur Überwindung weiter Strecken oder als Arbeitstier in der Landwirtschaft eingesetzt, sondern dienten auch im Krieg.

☐ richtig ☐ falsch ☐ nicht enthalten

c) Der besondere Schwerpunkt der Reitkunst nach Xenophon liegt in der Harmonie und Übereinstimmung zwischen Pferd und Reiter.

☐ richtig ☐ falsch ☐ nicht enthalten

d) Im 18. Jahrhundert wurde der Umgang mit dem Pferd sanfter und verständnisvoller.

☐ richtig ☐ falsch ☐ nicht enthalten

e) Ein Ritter kam einem Adeligen gleich.

☐ richtig ☐ falsch ☐ nicht enthalten

f) Pferde wurden zur gleichen Zeit wie auch Kamele domestiziert.

☐ richtig ☐ falsch ☐ nicht enthalten

g) Insbesondere die Weiterentwicklung des Sattels beeinflusste die klassische Reiterei.

☐ richtig ☐ falsch ☐ nicht enthalten

h) Sattel und Zaumzeug wurden bereits im dritten Jahrhundert vor Christus von nomadischen Völkern erfunden. Sie waren auch die Stammväter zahlreicher Reitervölker.

☐ richtig ☐ falsch ☐ nicht enthalten

7) Textzusammenfassung, Textverständnis: 3

Kreuze richtig an!

a) In einem Abschnitt erfährst du etwas über einen Lehrmeister der Reiterei, der mehr Interesse an dem Tier selbst und an der Harmonie zwischen Pferd und Reiter hatte, als seine Vorgänger.

☐ Abschnitt 2 ☐ Abschnitt 5 ☐ Abschnitt 3 ☐ Abschnitt 4

b) In diesem Abschnitt erfährst du welches Land die Pferderennen und Militaryreiterei (Geländeprüfungen), sowie die Fuchsjagden wieder einführte und damit das Interesse für die Reiterei als Sport wieder weckte.

☐ Abschnitt 2 ☐ Abschnitt 7 ☐ Abschnitt 8 ☐ Abschnitt 5

c) Dieser Abschnitt berichtet, dass der Ursprung des Hauspferdes auf 77 Stammstuten zurückgeführt wird.

☐ Abschnitt 2 ☐ Abschnitt 7 ☐ Abschnitt 1 ☐ Abschnitt 6

8) Ausdrucksfähigkeit: 5

Die unterstrichenen Wörter lassen sich auch durch ein Synonym ersetzen. Kreuze den richtigen Begriff an. Es können auch mehrere Begriffe richtig sein.

a) Zwei Jahre später kam es zur Gründung des ersten Sportvereins, der den Pferdesport **voranbrachte** und 1912 gab es die ersten olympischen Reiter-Wettbewerbe – Dressur, Jagdspringen und Military.	☐ förderte ☐ hemmte ☐ nützlich war ☐ bedingte ☐ unterhielt ☐ überdauerte ☐ zerstörte
b) Bei den Germanen galt das Pferd als ein **unentbehrliches** Gebrauchstier für Fortbewegung, Arbeit und Kampf.	☐ unwiederbringliches ☐ lebensnotwendiges ☐ erforderliches ☐ unabkömmliches ☐ nutzloses
c) Auch bei den nomadischen Völkern geht man von einer frühen Nutzung des Pferdes aus; diese wandernden Völker **erfanden** bereits im dritten Jahrhundert vor Christus den Sattel und das Zaumzeug	☐ erschöpften ☐ erforschten ☐ erdichteten ☐ brüteten …aus ☐ dachten …aus ☐ erzeugten
d) Auch im Römischen Reich war der Einsatz von Pferden bei den Spielen zur **Belustigung** des Volkes beliebt.	☐ Sport ☐ Unterhaltung ☐ Vergnügung ☐ Zeitvertreib ☐ Frohsinn
e) Durch den Einsatz der Ritter in den Kreuzzügen stieg ihr **Ansehen** in der Bevölkerung enorm und es entstand eine neue Oberschicht.	☐ Anstand ☐ Stellung ☐ Einfluss ☐ Gewicht ☐ Macht

9) Textzusammenfassung, Textverständnis: 2

Welche Begriffe beschreiben den 7. Abschnitt am besten? Unterstreiche zwei!

Methoden	Zukunft	Reitkunst	Militär
Wende	Pferd	Jahrhundert	Aussehen

10) Textzusammenfassung, Textverständnis: 2

Was unterscheidet die Reitkunst von der allgemeinen Reiterei? Kreuze die Aussagen an, die dem Inhalt des Textes entsprechen! Wie soll die Reitkunst aussehen?

- ☐ Sportliches Training ist eine Voraussetzung der Reiterei.
- ☐ Reitkunst und der Umgang mit dem Pferd soll sanft und verständnisvoll sein.
- ☐ Ausdauer und Kondition sind Grundvoraussetzungen.
- ☐ Harmonie zwischen Reiter und Pferd soll herrschen.
- ☐ Mit einer gewissen Kraft und Durchsetzungsvermögen ist ein Pferd beherrschbar.

11) Ausdrucksfähigkeit: 4

Ersetze in den folgenden Sätzen jeweils eines der unterstrichenen Wörter, um Wiederholungen zu vermeiden. Schreibe nur das neue Wort auf!

a) Pferde fressen Fressen. Menschen essen Essen.

____

b) Schützende Kleidung schützt uns beim Reitsport vor Unfällen.

____

c) Viele Pferde haben viele Haare.

____

d) Pferde sind durch Influenza gefährdet. Der Impfstoff dagegen ist nicht so teuer; richtig teuer ist aber die Behandlung der ausgebrochenen Influenza.

____

12) Ausdrucksfähigkeit: 5

Ersetze die unterstrichenen Wörter jeweils durch ein Synonym!

a) Pferde produzieren unvorstellbare Mengen an Mist. ______________

b) Pferde sind viel bequemer als man denkt. ______________

c) Die Krankheit, die durch Viren ausgelöst wird, nennt man Influenza.

____

d) Eine Impfung ist daher ratsam. ______________

e) Die Infektion erfolgt über die Luft. ______________

13) Formale Sprachbeherrschung: 4

Bestimme die Wortarten der unterstrichenen Wörter in den angegebenen Sätzen!

Ausgangspunkt war einmal Neapel, wo sich viele Kunstreiter niedergelassen hatten. Von dort breitete sich die schulmäßige Reitkunst über ganz Italien aus; es wurden Akademien gegründet, und die Reitkunst bekam einen festen Platz in der Ausbildung adeliger junger Männer.

Ausgangspunkt	
viele	
niedergelassen	
über	
es	
und	
Ausbildung	
adeliger	

14) Formale Sprachbeherrschung: 10

Bestimme in dem folgenden Satz zuerst alle Satzglieder und markiere sie. Dann schreibe die einzelnen Satzglieder in die linke Spalte der Tabelle und in die rechte Spalte den entsprechenden lateinischen Fachbegriff!

„Ein in den südlichen Breiten nahezu unbekannter Pferdevirus breitet sich seit etwa einem Jahr in weiten Teilen Bayerns mit großer Geschwindigkeit aus.“

Satzglied / Objekt	Lateinische Bezeichnung

Von 51 Punkten hast du ____ Punkte

7.6 Jahrgangsstufentest 2

Lise Meitner und die Kernspaltung

1. Wenn du in den letzten Jahren einmal in der Zeitung gelesen oder die Nachrichten gesehen hast, dann bist du um ein Thema sicherlich nicht herumgekommen: ATOM.

Gleichgültig, ob es um Atomstrom ging, Atommacht, Atommüll, Endlager oder um Irans 6. Präsidenten Mahmud Ahmadinedschad, der 2005 das Amt übernommen hat und von dem niemand so genau weiß, ob er sich mit dem Bau der Atombombe befassen oder nur die Vorteile der atomaren Forschung nutzen würde: Das Wort „Atom" ist in aller Munde.

Nur einer Frage bist du vielleicht noch nicht auf den Grund gegangen: Wer hat eigentlich die Kernspaltung entdeckt?

----

2. Die Wissenschaftler, von welchen ich sprechen möchte, heißen Otto Hahn und Lise Meitner. Hahn wurde im Jahre 1879 in Frankfurt geboren und studierte in Marburg und München Chemie. Ab 1906 betrieb er bereits radiochemische Forschungen und lernte dabei in Berlin die zweite im Bunde kennen: Elise Meitner. Ein Jahr älter als Otto, studierte sie Mathematik, Physik und Philosophie in Wien und wurde die zweite Frau, die je einen Doktortitel im Fach Physik erwarb. Sie suchte eine Stelle und bekam diese 1912 in Otto Hahns Labor, wo sie fortan gemeinsam arbeiteten und forschten.

----

3. „Hähnchen und Lischen", wie sie bald genannt wurden, arbeiteten für Jahrzehnte zusammen. Sie waren auf der Suche nach einem neuen Element, wie viele andere Forscher dieser Zeit auch, denn das Periodensystem der Elemente war noch nicht so weit ergänzt wie heute. Die beiden setzten sich speziell mit dem Uran auseinander. Sie wuchsen zu einem idealen Team zusammen.

Während Otto Hahn als Professor gut bezahlt wurde, musste Elise Meitner kostenlos arbeiten und versuchen, sich auf andere Art und Weise über Wasser zu halten. Ihr Lebensunterhalt wurde zunächst von ihren Eltern bestritten, die sie sehr in ihrer Arbeit unterstützten und nicht zwangen, einen bezahlten Beruf, z. B. als Lehrerin, anzunehmen.

Sie war auch nicht offiziell als Assistentin im Laborkeller, sondern lediglich geduldet. Im damaligen Preußen war es Frauen weder erlaubt zu studieren noch wissenschaftlich zu arbeiten. Aus diesem Grunde wurde sie nicht nur in den Keller verbannt, sondern sie durfte auch die Vorlesungsräume und Experimentierräume nicht betreten. Um in das Gebäude zu gelangen war sie gezwungen, den Hintereingang zu benutzen. Erst 1909 wurde dieses Verbot aufgehoben.

Solche Verhältnisse kannte Elise oder Lise, wie sie sich nannte - schon aus ihrer Jugend. Als Mädchen durfte sie z. B. nicht das Gymnasium besuchen. Deshalb machte sie zunächst ihren Abschluss an der Bürgerschule und gleichzeitig das Lehrerinnen - Examen in Französisch.

Erst mit 22 Jahren konnte sie ihr Abitur in Wien absolvieren. Die Vorbereitung dazu aber musste sie wieder alleine – im Selbststudium – bezwingen, denn das Gymnasium durfte sie auch dort als Frau noch nicht besuchen! Aber zur Abschlussprüfung wurde sie zugelassen.

----

4. Während des ersten Weltkrieges arbeitete Lise als Röntgenschwester in einem Frontlazarett, kehrte danach aber wieder zur Physik und zum Labor zurück.

1918 - nach dem Ende des ersten Weltkriegs - änderten sich endlich die Verhältnisse: Lise Meitner wurde Leiterin der radio-physikalischen Abteilung des Kaiser–Wilhelm–Instituts für Chemie in Berlin. Schließlich erhielt sie auch ein Gehalt für ihre Arbeit.

Da sie als Frau aber immer noch nicht voll anerkannt war, setzten die Kollegen als Herausgeber ihrer Arbeiten nicht mehr Lise Meitner, sondern Lies *(als männlichen Vornamen)* Meitner und Otto Hahn unter die gemeinsamen Veröffentlichungen.

Im Institut wusste man natürlich genau, über welche hervorragenden Kenntnisse sie verfügte. Auch sie selbst hatte durchaus nicht mit einem schlechten Selbstbewusstsein zu kämpfen. So wurde ihr nachgesagt, dass sie sich von ihrem Chef nicht gerne in ihr Spezialfach - Physik - reinreden ließ. Sie sagte dann: „Ach Hähnchen, lass mich das machen, von Physik hast du keine Ahnung!“

1922 habilitierte sie in Physik und durfte als erste Frau in Deutschland an der Universität als Professorin lehren. Sie war fasziniert, wie sich Radioaktivität und Atomphysik in einer so raschen Fortentwicklung befanden.

5. In den dreißiger Jahren entdeckten die beiden Wissenschaftler dann eine Methode, wie man Atomkerne mit Neutronen beschießen konnte. Lise regte deshalb das Institut dazu an, Experimente in dieser Richtung zu machen.

Warum gerade mit „Neutronen schießen"?

Neutronen tragen keine Ladung. Sie werden von der Zielscheibe, dem Atomkern, nicht abgestoßen und sind deshalb sogenannte „effektive Geschosse". Das heißt, sie prallen nicht ab, wie ein Ball an einer Wand, sondern sie dringen in den Atomkern ein. Speziell beim Uran geschieht dann sogar etwas Sensationelles: Es entsteht ein völlig neues, noch schwereres Element!

Ab 1934 kam Fritz Straßmann zu dem Team und die drei begannen mit ihren Forschungen zu sog. „Transuranium Elementen".

----

6. In einem Versuch am 17. Dezember 1938 schossen Straßmann und Hahn mit den erwähnten Neutronenstrahlen auf Uran. Dabei entstand aber überraschenderweise nicht, wie erwartet, nur ein schwereres Element (ein Transuran). Der Grund: Atomkerne nehmen die Neutronen in sich auf und bilden so viele kleinere Kerne. Als Hahn und Meitner die Kerne untersuchten, fanden sie völlig neue Elemente, nämlich „Barium" und „Krypton". Daraus folgerten sie, dass Uran aus verschiedenen Elementen besteht, mit unterschiedlicher Anzahl der einzelnen Elemente. Barium hat 56 Protonen, Krypton 36. Je mehr Protonen und Neutronen sich in einem Element befinden desto schwerer wird es. Ein Uranatomkern enthält 92 Protonen und 143 Neutronen. Die Wissenschaftler addierten die Anzahl der Protonen von Krypton und Barium, also 56 plus 36 und erhielten 92 - die Anzahl der Protonen im Uran. Das war ihr erster Etappensieg: Sie hatten mit ihrem „Beschuss" des Urans dieses Element geteilt - wie einen Sonntagsbraten mit einem scharfen Messer.

Doch niemand in der damaligen Zeit hielt dies für möglich.

Auch Hahn fand keine plausible Erklärung dafür. So wandte er sich an die Frau, mit der er jahrelang zusammengearbeitet hatte, und die er für die Einzige hielt, die ihm dieses Phänomen erklären könnte.

----

7. Noch vor der Krönung ihrer Laufbahn hatte Lise Meitner aufgrund ihrer jüdischen Herkunft - auch wenn sie evangelisch aufgewachsen und der Kirche bereits 1908 beigetreten war - das Land verlassen und floh vor dem nationalsozialistischen Deutschland mit Hilfe Otto Hahns zunächst nach Holland. Im Morgengrauen des 17. Juli 1938 reiste sie weiter nach Schweden.

Durch die Angliederung Österreichs an Deutschland im Jahre 1938 war Lise Meitner nicht mehr Österreicherin, sondern zu einer jüdischen Deutschen geworden und konnte sich nicht mehr frei bewegen.

1933 hatte sie als Jüdin bereits ihre Lehrerlaubnis verloren. Später wurden ihr, wegen ihrer jüdischen Herkunft, die Errungenschaften, die sie durch die Öffnung der Universitäten und der Wissenschaft als Frau erlebte, auch wieder genommen.

8. In einem einfachen schwedischen Hotel wohnend erreichte sie am 22.12.1938 ein Brief von Otto Hahn, in dem er sie bat, über das Rätsel der Atomspaltung nachzudenken. Der wissenschaftliche Kontakt der beiden war nie abgebrochen und Lise hielt sich in ihrem Exil immer auf dem Laufenden, was die Versuchsreihen von Straßmann und Hahn anbelangte.

„Wäre es möglich, dass das Uran zerplatzt? Es würde mich natürlich sehr interessieren, Dein Urteil zu hören. Eventuell könntest Du etwas ausrechnen und publizieren“, so schrieb er.

Bei einem Spaziergang am Strand mit ihrem Neffen, dem Kernphysiker Otto Frisch, fand sie durch Zufall die Lösung und verglich das Atom mit einem geladenen Wassertropfen: Traf das Neutron den „Atomkerntropfen“, so begann dieser zu zittern. Seine Eigenschwingungen wurden so stark, dass er mit unglaublicher Wucht auseinanderbrach und sehr hohe Energie freisetzte. Lise berechnete die frei werdende Energie mit der bekannten Formel $e=mc^2$ von Albert Einstein und erschrak: Bei der Kernspaltung wurde mehr Energie freigesetzt als bei jedem anderen Prozess!

Weil nun bei jeder Spaltung eines Uranatomkerns zwei bis drei weitere Neutronen frei wurden, konnte jedes dieser Teilchen wiederum ein weiteres Uranatom spalten und somit eine Kettenreaktion entstehen. Da diese Kettenreaktion in Bruchteilen von Sekunden ablief, wurde sie zunächst unkontrollierbar. Es wurde sehr, sehr viel Energie freigesetzt. Dazu kam, dass gefährliche, radioaktive Strahlung als Nebenprodukt entstand.

Das nächste Ziel war: Diese Kettenreaktion musste kontrollierbar werden, was noch einige Physiker beschäftigen sollte.

Dennoch wurde auch dieser Forschungsschritt errungen und es kam wie es kommen musste: Es war Krieg und die Atombombe wurde gebaut.

Aber auch Strom konnte mit dieser neu gewonnenen Energie erzeugt werden.

9. Liese Meitner hatte Recht behalten mit ihren „zitternden Atomkerntropfen“. Mit der Entschlüsselung der Kernspaltung führte sie schlussendlich die Menschheit in das Atomzeitalter, mit allen positiven und negativen Aspekten. Sie hatte die theoretischen Grundlagen zur Kernphysik des 20. Jahrhunderts erschaffen.

Viele Menschen starben durch die Atombombe in Hiroshima oder bei der Reaktorkatastrophe in Tschernobyl, wo eine großflächige Verseuchung durch radioaktive Strahlung die Strahlenkrankheit, Krebs oder andere zerstörerische Krankheiten erzeugte.

Lise Meitner aber hatte sich stetig geweigert, Forschungsarbeiten anzunehmen, die sich mit dem Bau der Atombombe befassten, obwohl sie immer wieder von den USA dazu gedrängt wurde. Diese Forschungsarbeit hätte sich nicht mit ihrer Einstellung vereinbaren lassen. Als Pazifistin[1] lehnte sie den Krieg ab. Auch wenn sie in Amerika jahrelang als die „Mutter der Atombombe" bezeichnet wurde, war sie an deren Bau nie beteiligt.

----

10. Otto Hahn und Fritz Straßmann haben dann die Erkenntnisse zur Kernspaltung am 6. Januar 1939 - ohne Lise Meitner zu erwähnen - veröffentlicht. Otto Hahn erhielt dafür den Nobelpreis.

Trotz vieler Vorschläge - auch von Otto Hahn – bekam Lise Meitner keinen Nobelpreis, was als fataler Fehler der Nobelpreisstiftung angesehen wurde.

Der niederländische Chemiker Dirk Coster, der Lise Meitner im Juli 1938 auf ihrer Flucht begleitet hatte, schrieb ihr anlässlich der Nobelpreis-Verleihung:

„Otto Hahn, der Nobelpreis! Er hat ihn sicher verdient. Es ist aber schade, dass ich Sie 1938 aus Berlin entführt habe [...] Sonst wären Sie auch dabei gewesen. Was sicher gerechter gewesen wäre."

(Wikipedia, Brief von Dirk Coster an Lise Meitner unter Lise Meitner).

Lise Meitner auf einer deutschen Briefmarke (1988) der Dauerserie „Frauen der deutschen Geschichte"

Text: Miriam Reichel

[1] Pazifismus: Als Pazifismus bezeichnet man eine ethische Grundhaltung, die militärische Gewaltanwendung zwischen Staaten ablehnt. (Wikipedia, Pazifismus).

Lise Meitner und die Kernspaltung

1

1) Textverständnis:

Welche Aussage erfasst den 1. Abschnitt des Textes am besten? Kreuze eine Aussage an!

- ○ Bau der Atombombe
- ○ Die Machtübernahme des 6. Präsidenten Mahmud Ahmadinedschad.
- ○ Die Annahme, dass man sich dem Thema Atom kaum entziehen kann.
- ○ Die Frage danach, wer die Kernspaltung erfunden hat.

2) Textverständnis: 1

In welchem Jahr übernahm Mahmud Ahmadinedschad in welchem Land die Präsidentschaft? In welchem Abschnitt findest du die Antwort?

- ☐ 2003 in Saudi-Arabien. Abschnitt: ______________
- ☐ 2005 im Irak. Abschnitt: ______________
- ☐ 2005 im Iran. Abschnitt: ______________
- ☐ 2006 im Iran. Abschnitt: ______________
- ☐ Er wurde niemals Präsident, sondern König.
- ☐ Steht nicht im Text.

3) Textverständnis: 1

Welche Aussage erfasst den 2. Abschnitt am besten?

- ☐ Die Kernspaltung wurde von einem Mann erfunden.
- ☐ Die Kernspaltung wurde von einer Frau erfunden.
- ☐ Die Kernspaltung wurde sowohl von einem Mann als auch einer Frau erfunden.
- ☐ Es geht in diesem Text nicht um die Kernspaltung.

4) Textverständnis: **Welche Aussage trifft den 3. Abschnitt am besten?** ☐ Die beiden Wissenschaftler wollten das Periodensystem weiter erforschen. ☐ Die Rolle der Frau zur damaligen Zeit: Während Otto Hahn einen gut bezahlten Posten erhielt, musste Lise Meitner als Gast kostenlos arbeiten. ☐ Als Frau war es Lise Meitner zuerst verwehrt, das Gymnasium zu besuchen. Das Abitur konnte sie nach vielen Jahren extern ablegen. Als Wissenschaftlerin war sie nur im Keller geduldet, durfte bestimmte Räume gar nicht betreten und auch nicht wissenschaftlich arbeiten. ☐ Die Nutzungsordnung der Universität.	1
5) Textverständnis: **Welche Aussage beschreibt Abschnitt 4 am besten?** ☐ Der weitere Lebensweg der Lise Meitner. ☐ Das Verhältnis zwischen Lise Meitner und Otto Hahn. ☐ Lise Meitners Qualifikation als Physikerin.	1
6) Textverständnis: **In Abschnitt 5 wird erklärt, warum Neutronen „effektive Geschosse" sind. Kreuze die richtige Antwort an.** ☐ Aufgrund ihrer Ladung können sie sich besonders leicht und effektiv fortbewegen. ☐ Da Neutronen keine Ladung tragen, werden sie von dem Atomkern nicht abgestoßen. ☐ Aufgrund ihrer Form, die einem Ball entspricht, prallen sie am Atomkern ab, wie ein Ball an einer Wand, und sind dadurch besonders effektiv. ☐ Aufgrund ihrer geringen Dichte sind sie besonders leicht und effektiv. 	1

7) Textverständnis: 1

Welcher Grund wird in Abschnitt 7 für die Trennung der Wissenschaftler Hahn und Meitner angegeben?

☐ Aufgrund der jahrelang fehlenden Anerkennung als weibliche Wissenschaftlerin trennten sich Hahn und Meitner.

☐ Lise Meitner wurde aufgrund ihrer jüdischen Herkunft verfolgt und konnte sich in Deutschland weder frei bewegen noch als Wissenschaftlerin arbeiten. Daher floh sie über Norwegen und Belgien nach Frankreich.

☐ Durch die Vereinigung von Deutschland und Österreich wurde Lise Meitner zur Deutschen. Da sie aber jüdische Wurzeln hatte, wurde sie als Jüdin verfolgt. Es wurde ihr die Lehrerlaubnis entzogen, und sie konnte sich in Deutschland nicht mehr frei bewegen. Das Leben wurde gefährlich für sie. Daher floh sie vor den Nationalsozialisten.

☐ Begründet durch einen Streit zwischen Hahn und Meitner, verließ Meitner das Institut und floh im Morgengrauen über Schweden nach Holland.

8) Textverständnis: 1

Wie erklärte sich Lise Meitner in Abschnitt 8 die Atomspaltung? Wo und mit wem geschah dies? Kreuze richtig an.

☐ Bei einem Spaziergang mit ihrem Neffen, Otto Hahn, verglich sie die Kernspaltung mit einem Wassertropfen und erklärte die Spaltung anhand der Eigenschwingungen.

☐ Bei einer Versuchsreihe in ihrem Institut mit ihrem Neffen, dem Kernchemiker Otto Frisch, erkannte sie aufgrund der Einstein'schen Formel die Spaltung durch die Freisetzung enormer Energie.

☐ Bei einem Spaziergang am Strand mit ihrem Neffen, dem Kernphysiker Otto Frisch, verglich sie das Atom mit einem Wassertropfen, der durch seine Eigenschwingungen platzte. Die dadurch freigesetzte Energie berechnete sie mit der Einstein'schen Formel $e = mc^2$.

☐ Bei einem Strandspaziergang anlässlich eines Besuchs bei ihrem Neffen, Otto Hahn, beobachtete sie das Zerplatzen eines Wassertropfens. Gemeinsam mit ihrem Neffen, der als Mathematiker mit Einstein zusammen arbeitete und ihr das fehlende Wissen vermitteln konnte, berechnete sie die unglaublich Wucht, die dabei entstand.

9) Textverständnis: — 1

Abschnitt 9:

- ☐ erklärt, aus welchen Gründen Lise Meitner die Atombombe erfand.
- ☐ nimmt wieder Bezug auf die Einleitung und das Atomzeitalter.
- ☐ stellt den Schluss dar.
- ☐ zeigt auf, warum Lise Meitner die Kernphysik liebte.
- ☐ erklärt die negativen Aspekte der Atomforschung.
- ☐ verweist auf den Hauptteil, in dem die theoretischen Grundlagen der Atomphysik erklärt werden.

10) Textverständnis: — 1

Im letzten Abschnitt wird erklärt:

- ☐ aus welchen Gründen Lise Meitner den Nobelpreis bekam.
- ☐ dass Otto Hahn den Nobelpreis zwar auch verdient hatte, es aber dennoch eine Fehlentscheidung war, ihn nicht auch Lise Meitner zu verleihen.
- ☐ Der Brief zeigt eindeutig, dass nur Lise Meitner den Nobelpreis verdient hätte.
- ☐ Warum viel später erkannt wurde, dass die eigentliche Nobelpreisträgerin Lise Meitner sein sollte, daher wurde er ihr postum verliehen.
- ☐ Da zu dieser Zeit keine Nobelpreise an Frauen vergeben wurden, war es klar und eindeutig, dass der Nobelpreis an Otto Hahn und Fritz Straßmann gehen musste. (Postum = nach dem Tod)

11) Textverständnis: — 1

Die Mitarbeiter des Instituts unterzeichnen ab einem bestimmten Zeitpunkt nicht mehr mit Lise Meitner, sondern mit „Lies“. Aus welchem Grunde?

- ☐ Der Name könnte auf den jüdischen Namen Elisa zurückführen, was sie vermeiden wollte im nationalsozialistischen Deutschland.
- ☐ Zu der Zeit, als sie die Namensänderung vornahmen, war es zwar noch nicht problematisch, dass Lise Jüdin, aber dass sie eine Frau war.
- ☐ Hahn mochte nicht, dass seine Zusammenarbeit mit einer Frau bekannt wurde.
- ☐ Es werden dazu keine Angaben im Text gemacht.

Otto Hahn

12) Textverständnis: **Aus welchem Grunde war es nicht zu erwarten, dass die Kernspaltung und damit der Beginn des Atomzeitalters durch eine <u>Frau</u> begründet wurde?** ☐ Frauen sind im Allgemeinen friedliche Wesen. Da die Kernspaltung auch zur Atombombe führte, kann nicht angenommen werden, dass eine Frau diese Erfindung gemacht hat. ☐ Frauen konnten in dieser Zeit nicht einfach ihr Abitur machen, forschen oder an der Universität arbeiten, so dass vielen Frauen der Zugang zu dem Wissen verwehrt blieb, das Voraussetzung für diese Forschung wäre. ☐ Kriege werden meist von Männern geführt, ebenso erfinden sie die meisten Waffen, da sie öfter in diesen Bereichen arbeiten. Daher war auch die Kernspaltung eher eine männliche Domäne. ☐ Männer arbeiten auf Grund ihrer Intelligenz eher in wissenschaftlichen Berufen; daher werden die meisten Erfindungen von Männern gemacht. ☐ Da die einzelnen Länder früher fast ausschließlich von Männern regiert wurden, kamen auch nur männliche Wissenschaftler für die Erforschung neuer physikalischer Phänomene in Frage.	1
13) Textverständnis: **In einem Versuch beschossen Hahn und Meitner Atome und stellten fest, dass die Neutronen nicht wie ein Ball an einer Wand abprallten, sondern in den Kern eindrangen. Wurde das Element dadurch:** ☐ schwerer ☐ leichter ☐ gleich schwer ☐ das alte Element wurde zerstört	1
14) Textverständnis: **Überprüfe <u>in den folgenden Aufgaben</u> die Aussagen mit dem Text und kreuze richtig an!** **Durch die Spaltung eines Uran-Atomkernes werden zwei bis drei Neutronen freigesetzt. Jedes dieser Teilchen spaltet wiederum ein weiteres Uranatom, wodurch eine Kettenreaktion entsteht.** ☐ richtig ☐ falsch ☐ steht nicht im Text	1

15) Textverständnis: **Otto Hahn bittet Lise Meitner, das Rätsel der Atomspaltung zu lösen.** ☐ richtig ☐ falsch ☐ steht nicht im Text	1
16) Textverständnis: **Nachdem Lise Meitner an einem Mädchen - Gymnasium ihr Abitur abgelegt hatte, machte sie nach dem Lehrerinnenexamen in Französisch eine Ausbildung zur Röntgenschwester.** ☐ richtig ☐ falsch ☐ steht nicht im Text	1
17) Textverständnis: **Lise Meitner konnte nur durch die Hintertür in das Institut gelangen, da Frauen offiziell nicht zugelassen waren.** ☐ richtig ☐ falsch ☐ steht nicht im Text	1
18) Textverständnis: **Aufgrund ihrer jüdischen Religion war es ihr nicht erlaubt, Physik an der Universität zu studieren. Erst 1920 waren Jüdinnen zugelassen.** ☐ richtig ☐ falsch ☐ steht nicht im Text	1
19) Textverständnis: **Ab 1934 kam Fritz Straßmann zu dem Team und sie begannen mit ihren Forschungen zu Transuranium Elementen.** ☐ richtig ☐ falsch ☐ steht nicht im Text	1
20) Ausdrucksweise: **Kreuze die richtige Erklärung für den unterstrichenen Begriff an.** **a) Trotz vieler Vorschläge - auch durch Otto Hahn – erhielt Lise Meitner keinen Nobelpreis, was als <u>fataler Fehler</u> der Nobelpreisstiftung angesehen wurde.** ☐ Ein solcher Fehler ist typisch für solche Stiftungen. ☐ Der Fehler führte zu einer Beeinträchtigung von Lise Meitner. ☐ Der Fehler war für die Nobelpreisstiftung sehr gravierend. ☐ Der Fehler führte zu einer Verletzung der Menschenrechte.	1

b) **Noch vor der <u>Krönung ihrer Laufbahn</u> hatte Lise Meitner aufgrund ihrer jüdischen Herkunft (...) das Land verlassen.** 1

- ☐ Lise Meitner starb noch bevor die Atomspaltung erforscht wurde.
- ☐ Sie konnte nicht mehr die Früchte ernten, die sie mit Otto Hahn gesät hatte, da sie, noch bevor die Forschungsarbeiten zu Ende gebracht wurden, das Land verlassen musste und an weiteren Veröffentlichungen nicht mehr teilnehmen konnte.
- ☐ Sie bekam keinen Nobelpreis.
- ☐ Sie starb noch bevor alle Physiker erkannten, dass sie die beste Physikerin aller Zeiten war.

c) Sie hatten einen wichtigen <u>Etappensieg</u> errungen.

- ☐ Dies bedeutete für Meitner und Hahn den letzten Schritt vor ihrem Ziel. 1
- ☐ Für Meitner und Hahn war der Sieg wichtig, letztendlich scheiterten sie aber.
- ☐ Indem die beiden Wissenschaftler dies herausgefunden hatten, waren sie erst in der Lage, die spätere Kernspaltung zu erklären und ihre Forschung weiterzuführen.
- ☐ Meitner und Hahn konnten schwierige Probleme lösen.

21) Ausdrucksfähigkeit: 6

a) Finde für folgende Wörter das entsprechende Antonym:

Frage	
Recht	
Selbstbewusstsein	

b) Finde für folgende Wörter das entsprechende Synonym:

Thema	
Job	
Gebäude	

22) Formale Sprachbeherrschung: 9

Bestimme die Prädikate genau und fülle die Tabelle richtig aus. Verwende dazu die lateinischen Begriffe! Unterstreiche das Prädikat!

Beispiel:

Ihr habt sicher schon ein Fußballspiel besucht. → **habt besucht**

Person	**2. Person**
Numerus	**Plural**
Tempus	**Perfekt**

a) Bei diesem Versuch muss man vorsichtig vorgehen.

Person	
Numerus	
Tempus	

b) Die Kernspaltung wird euch interessieren.

Person	
Numerus	
Tempus	

c) Die Kettenreaktion musst du kontrolliert ablaufen lassen.

Person	
Numerus	
Tempus	

23) Formale Sprachbeherrschung: 6

Bestimme in dem folgenden Satz die angegebenen Satzglieder. Verwende die lateinischen Begriffe.

„Bei einem Spaziergang am Strand an einem grauen Herbsttag mit ihrem Neffen, dem Kernphysiker Otto Frisch, findet sie die Lösung."

mit ihrem Neffen	
sie	
die Lösung	
am Strand	
an einem grauen Herbsttag	
findet	

Viel Erfolg!

Von 43 Punkten hast du ____ Punkte erreicht.

7.7 Kleiner Leistungsnachweis 1 (6. Klasse)

1) Bestimme die Wortarten in folgenden Sätzen, gemäß dem unteren Kasten! Gib bei allen <u>Verben</u> die <u>Zeitformen</u> mit an. 10

„Was machst du da?“, fragte Ignaz.

„Die Torte essen und schlafen.“ Das Genie gähnte, rekelte und streckte sich.

„Findest du das normal?“

„Was ist schon normal? Aber sage mir, hast du eine bessere Idee, was ich tun könnte?“

„In dein Labor gehen. Arbeiten, experimentieren. Das Übliche!“

„Oh, langweile mich nicht“, Livinius verzog das Gesicht „das habe ich schon viel zu lange getan!“

„Und, was machst du stattdessen?“

„Nichts, und das ausgiebig“, antwortete Livinius und strahlte dabei, wie ein kleines Kind beim Anblick eines Bergmassivs aus Schokolade.

Vorsicht in der Tabelle ist alles klein geschrieben!

machst		torte	
fragte		essen	
und		normal	
ignaz		schlafen	
du		ausgiebig	
kleines		bergmassiv	
kind		schokolade	
dein		schon	
mir		ein	
anblick		die	

2) Bestimme auch hier die Wortarten! 8

Sein Problem scheint zu sein, dass er gelangweilt ist.

sein		problem	
scheint		zu sein	
er		gelangweilt	
ist		dass	

3) Schreibe die finiten Verbformen aus dem Satz in Aufgabe 2 auf! 2

✎ ____

4) Bilde aus der „wörtlichen Rede“ und dem Begleitsatz drei verschiedene Varianten, bei welchen der Begleitsatz jeweils an einer anderen Stelle steht. 3

Denke an die richtige Zeichensetzung!

Wörtliche Rede: **Wir haben immer viel zu viel Schule.**
Begleitsatz: **Linus meckert.**

✎ ____

____

____

____

____

____

5) Finde heraus, ob es sich um Aktiv- oder Passiv-Sätze handelt und bestimme den Tempus (Zeitform). 6

Beispiel: Heute wird Geburtstag gefeiert. → A, Präsens

Anita hat einen Brief geschrieben. ______________

Die Kirschen werden geerntet. ______________

Das Buch wurde ins Englische übersetzt. ______________

Viel Erfolg!

Von 29 Punkten hast du _____ erreicht.

7.8 Kleiner Leistungsnachweis 2 (6. Klasse)

1) Schreibe jeweils einen passenden Satz auf, den du dir frei ausdenken kannst! 4

Temporalsatz	✐ ______________________
Kausalsatz	✐ ______________________
Finalsatz	✐ ______________________
Konzessivsatz	✐ ______________________

2) Fülle die Tabelle aus! 6

a) Komparation 3

	klug
Komparativ	

b) Genus 3

	der Mann
	die Tochter
	das Kind

3) Trenne die Satzglieder und bestimme sie: 5

Die Tante meiner Nachbarin denkt freitags über die vergangene Woche nach.

4) Um welche Satzart handelt es sich? Die Interpunktion fehlt! Setze die Kommata und unterstreiche die Nebensätze, die auch Satzglieder sind! 4

a) Obwohl wir heute eine Ex schreiben habe ich nicht gelernt.

✎ ____

b) Nachdem Paul eine Schulaufgabe geschrieben hatte kannte er sich gut aus.

✎ ____

c) Er war müde sodass er nicht mehr ins Kino gehen konnte.

✎ ____

d) Er bemerkte dass er verlieren würde.

✎ ____

5) Aktiv / Passiv? Ergänze die Tabelle! 2

ich wasche	
	Passiv

Viel Erfolg!

Von 21 Punkten hast du _____ erreicht.

7.9 Kleiner Leistungsnachweis 3 (6. Klasse)

1) Schreibe die einzelnen Satzglieder in die linke Spalte und bestimme sie in der rechten Spalte!

a) In den Grünanlagen des Hofgartens laufen viele Kinder wild brüllend durcheinander. 5

b) Über die bösen Blicke vieler Spaziergänger setzten sich die Kinder grinsend hinweg. 5

c) Der Mann blickte traurig über den herbstlichen See. 4

2) Fülle die Tabelle aus. Finde im Text jeweils ein Beispiel! 7

An einem düsteren grauen Morgen war ein in einen dicken Mantel gehüllter Botengänger des Herrschers auf dem Gut eingetroffen und berichtete mit dunkler Stimme den staunenden Gutsherren die unglaubliche Geschichte seiner Reise.

Subjekt	
Prädikat	
Akkusativobjekt	
Dativobjekt	
lokale Adverbiale	
temporale Adverbiale	
Genitivobjekt	

3) Finde heraus, ob es sich um Aktiv- oder Passiv-Sätze handelt und bestimme den Tempus (Zeitform). 6

Beispiel: Heute wird Geburtstag gefeiert. → A, Präsens

Langsam wurde es kalt. ______________________

Alle sind zum Fest eingeladen worden. ______________________

Heute wird eine Party veranstaltet. ______________________

Viel Erfolg!

Von 27 Punkten hast du _____ erreicht.

7.10 Kleiner Leistungsnachweis 4 (6. Klasse)

1) Bestimme die Wortarten! 16

morgen	
neben	
dieser	
eine	
mir	
was	
drei	
dass	
Aha	
ich	
mein	
sich	
der Erste	
folglich	
als	
Kuh	

2) Wie heißen im lateinischen die Steigerungsformen (Komparationen)? 3

____

____

3) Fülle die folgende Tabelle aus mit einer Wortgruppe die aus Artikel, Adjektiv und Nomen besteht. 4

Kasus	Singular	Plural

4) Schreibe die entsprechenden Verbformen auf! 2

a) 2. Person Plural, Präteritum, Indikativ aktiv von graben: ________________

b) 2. Person Singular, Präsens, Imperativ aktiv von essen: ________________

5) Schreibe vier verschiedene Kategorien auf, nach welchen sich Verben bestimmen lassen! 4

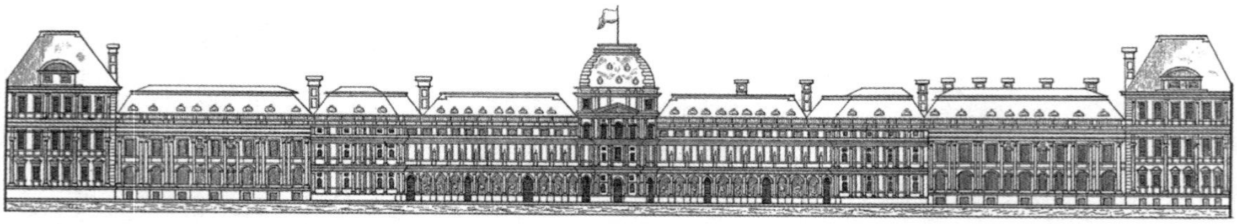

Von 29 Punkten hast du _____ erreicht.

7.11 Kleiner Leistungsnachweis 5 (6. Klasse)

Was ist Moral? Ein Gerechtigkeitsgefühl? Handeln nach einem Rechtssystem? Aber kann jemand moralisch handeln, der kein Rechtssystem kennt? Oder ist es uns Menschen angeboren sich nach bestimmten Regeln zu verhalten? Haben wir auf der ganzen Welt die gleichen Moralvorstellungen? Oder ist für den einen gut, was für den anderen schlecht ist?

Selbstverständlich haben wir auf der ganzen Welt etwas unterschiedliche Moralvorstellungen. So kann man z. B. Länder finden, in welchen Frauen andere Strafen für Straftaten erhalten als Männer, da sie als minderwertiger angesehen werden. Ebenso können Männer Frauen Dinge antun, die wir in Europa als nicht moralisch vertretbar erachten würden.

Im Großen und Ganzen gibt es aber ein paar Grundwerte, die sich durch alle Religionen und Länder ziehen, gleichgültig, wo man sich auf der Welt aufhält.
In Europa versuchte die Kirche jahrhundertelang die Menschen durch ihre **Regeln** und Gebote zu beeinflussen, daher kann man davon ausgehen, dass dem Menschen eine moralische Grundeinstellung nicht angeboren ist, der Mensch an sich also nicht moralisch ist. Man musste ihn bilden und erziehen.

Die zehn Gebote sind die einfachste Form der moralischen Grundregeln. Sie wurden verlesen oder dargestellt, und der Kirchgänger wurde immer und immer wieder an sie erinnert, und auch daran, sich nach diesem Rechtsempfinden zu verhalten. Sollte er dies nicht tun, so drohte ihm nicht nur eine irdische Strafe, sondern auch noch die Hölle nach dem Tod.
Die zehn Gebote sind eine Reihe von Ge- und Verboten, die laut Überlieferung der Gott Israels als direkte Rede an sein Volk richtete, und sie fassen seinen Willen, wie sich sein Volk im Zusammenleben mit den Mitmenschen verhalten sollte, zusammen.
Diese wurden zu den Grundregeln des Juden– und Christentums. Sie haben einen zentralen Rang in der Ethik und der Kirchengeschichte und haben somit einen hohen Stellenwert in der Moral der Menschen.

Die Kirche versuchte, ihren Gläubigen diese Moral auf verschiedene Weise ans Herz zu legen. Bei Gottesdiensten wurden Geschichten erzählt, in welchen der Gute siegte und der Böse in die Hölle kam. So wurde die Angst vor der Hölle erschaffen, welche die Menschen gehorsamer machen sollte.

Diese Angst wurde auch durch Bilder geschürt, die viele Kirchenwände zieren.
So gestaltete Sandro Botticelli im 15. Jahrhundert Dantes Unterwelt in Form eines Gemäldes über der Kassettendecke im Palazzo Vecchio in Florenz. Diese Deckenmalerei stellt die verschiedenen Stufen der Hölle dar, durch die der Sünder muss, sobald er den Fluss Styx mit dem Fährmann Charon überquert hat. Mit **Symbolen** und Bildern sollte der Gläubige immer und immer wieder an seine Pflichten erinnert werden, oder aber er würde nach dem Tode der ewigen Qual erliegen.

Während sich die Menschen in der Kirche die verschiedenen **Martyrien** bildlich anschauen konnten, die sie erleiden würden, sollten sie sich nicht an die moralischen Vorstellungen halten, wurde ihr Interesse nicht nur an der Kirche sondern auch an der Einhaltung der zehn Gebote größer.

Dante Alighieri lebte von 1265 bis 1321 und trieb durch seine drastische Darstellung der Unterwelt in seiner Komödie „Divina Commedia“ (Göttliche Komödie) seine Leser in die Kirchen und machte sie aus lauter Angst vor den beschriebenen **Torturen** zu besseren Gläubigen. Er beschrieb den Abstieg in die Unterwelt, die er in zehn Höllenkreise einteilte. Satan fand man im neunten.

Im 14. Jahrhundert teilte man in Italien die Werke, welche in der Volkssprache geschrieben waren, den Komödien zu, auch wenn der Inhalt des Werkes keinesfalls zum Lachen war. Höhere Literatur nannte man Tragödie.
Dante machte sich die griechische Mythologie zu Nutze und beschrieb den dunklen Weg über den Fluss Styx mit dem Fährmann Charon, der einen Obolus verlangte um die Toten in die Schattenwelt zu bringen. Diese Schattenwelt wurde von Leid und Pein beherrscht.

Dantes Weg durch die Hölle, den Läuterungsbereich und endlich ins Paradies wird durch den Jenseitsführer Vergil geführt. (Vergil war ein lateinischer Dichter, der sich besonders mit der griechischen Mythologie befasste.)

Die Hölle stellt Dante als gigantischen Trichter dar, der zum Mittelpunkt der Erde führt und aus der Vorhölle und neun Höllenkreisen besteht.
In die Vorhölle kam man nach der Überquerung des Styx. Hier begegneten einem alle Seelen, die weder gut noch schlecht waren. Sie wurden von Ungeziefer gepeinigt.

Der erste Kreis, den man Limbus nannte, war den unschuldig schuldig gewordenen vorenthalten. Diese Seelen waren sündenfrei, aber ungetauft. Hier trafen Dante und Vergil Aristoteles, Homer oder auch Sultan Saladin.

Im zweiten Kreis traf Dante auf Kleopatra, Dido, Helena oder Paris, die der Wollust erlagen und nun von Höllenstürmen umtrieben waren.

Der dritte Kreis war den Gefräßigen vorenthalten, die von Cerberus dem Höllenhund bewacht wurden, der durch seine drei Köpfe ein Sinnbild der Gefräßigkeit darstellt und den griechischen Mythen entliehen wurde. Wir kennen ihn heute aus „Harry Potter und der Stein der Weisen“.

Der vierte Kreis wurde von Plutos bewacht und war für die Verschwender und Geizigen.

Der fünfte Kreis stellte den Sumpf der zornigen Seelen dar, in welchem sich alle Choleriker bekämpften im Fluss Styx. Die Ignoranten und Phlegmatiker hingegen blieben in den Fluten des Flusses untergetaucht.

Der sechste Kreis diente dann den Ketzern (= diejenigen, die nicht an Gott glaubten) in flammenden Särgen.

Im siebten Kreis wurden Gewalttätige mit Gestank gepeinigt und der achte und neunte Kreis war für die Bosheit reserviert.

Laut Vergil waren der 7., 8. und 9. Kreis für die Sünder des Verrats, die wegen fehlender Differenzierung von Unmaß, verirrtem Trieb und Bosheit besonders bestraft wurden.
Dante stellte den Verrat als die schlimmste aller Sünden dar, da er selbst verraten und aus seiner geliebten Stadt Florenz verbannt wurde.

Botticellis Unterwelt

Dante Alighieri inspirierte mit seinen Werken viele Künstler. So auch den Maler Michelangelo, der Dante in einigen seiner Werke sogar in persona darstellte. Er übernahm auch seine Vorstellung von der Hölle. Diese kann man auf Gemälden von Michelangelo in Kirchen finden (z. B. in der Santa Maria del Fiore in Florenz).
Die Kirchen gaben solche Werke in Auftrag, um ihre Gläubigen an ein moralisches Leben zu erinnern und an all die Strafen, die Gott erteilt, wenn der Mensch zum Sünder wird. Das Leben sollte auf diese Weise konfliktfreier werden.

Auch heute stellt sich täglich die Frage nach der Moral. Unsere ausgefeilten Rechtssysteme sind so umfangreich geworden, dass der Einzelne den Überblick schon lange verloren hat. Vielleicht kann er sich wieder nur an die zehn Gebote erinnern, die sein Verhalten bestimmen sollten.

So unterscheidet unsere Gesellschaft mittlerweile zwischen den verschiedenen Formen der Straftaten oder einfach dem Nicht-Einhalten von Regeln. Manche Gesetzesverstöße werden als Kavaliersdelikt angesehen und kaum bestraft, andere verurteilen wir mehr.

Doch die Frage, die sich immer stellt, ist die der Moral. Welche Formen des Verbrechens sind unmoralischer? Oder ist jeder Verbrecher grundsätzlich unmoralisch?

Ist ein Mensch, der zu viel getrunken hat und auf diese Weise in einem Autounfall einen Menschen getötet hat unmoralischer als ein Wirtschaftsverbrecher, der über Jahre die Renten seiner Angestellten veruntreut und diese Menschen der Altersarmut überlässt?

Ist ein Adolf Eichmann, der unzählige Tötungen im Dritten Reich veranlasst, jedoch selbst niemals einen Menschen getötet hat, moralischer als derjenige, der tatsächlich getötet hat?

Oder einfacher: Halten wir uns an die zehn Gebote, wenn wir jemandem das Fahrrad stehlen oder aber die Steuer hinterziehen?

In einigen Ländern werden Dieben bei kleinen Diebstählen die Hände abgehackt, in anderen Staaten erfolgt bei Steuerhinterziehung eine gemeinsame Übereinkunft über die Höhe der Nachzahlung, die meist geringer als die Steuerschuld an sich ist. Manch ein Fahrraddieb wird aus seinem kleinen Dorf verjagt, manch ein berühmter Fußballtrainer ist in der Öffentlichkeit weiterhin beliebt auch wenn er Steuern in großem Stil hinterzogen hat.

Handeln wir also moralisch? Oder entwickeln wir unterschiedliche Vorstellungen von Moral, je nach Straftat bzw. **Popularität** des Straftäters?

Wir verurteilen es, wenn ein Schüler dem anderen etwas klaut. Machen sich allerdings Schüler gegenseitig auf Facebook schlecht oder ruinieren ihren Ruf im Internet, so wird es als zeitgemäß akzeptiert. Doch unter welcher Handlung leidet der Schüler mehr?

Aber ist es wirklich so? Oder haben wir nur noch nie über unsere Moralvorstellungen nachgedacht und hinterfragen unser Verhalten nicht mehr?
Oder haben wir einfach nur alles vergessen, wie z. B.: „... du sollst nicht falsch Zeugnis ablegen“?

Text: Miriam Reichel

Fragen zum Text:

1) Gib Synonyme zu folgenden Begriffen an:	6

Popularität	
Regeln	
Martyrien	
Symbol	
Tortur	
Differenzierung	

2) Was versteht man unter einer irdischen Strafe?	1

____

____

____

____

3) Gib Antonyme zu folgenden Begriffen an:	4

Hölle	
zeitgemäß	
Interesse	
Pflicht	

4) Wer bringt den Sünder über welchen Fluss, bevor er in die Hölle kommt?	2

____

____

____

____

5) Wer hat unsere Moralvorstellungen in Europa wesentlich beeinflusst? Und welche Hilfsmittel wurden dafür verwendet? __________ __________ __________ __________	4
6) Schreibe in eigenen Worten, was du unter Moral verstehst! __________ __________ __________ __________	4
7) Gib sechs zusammengesetzte Nomen aus dem Text an.	3
8) Erkläre in eigenen Worten, was „du sollst nicht falsch Zeugnis reden“ bedeutet. __________ __________ __________ __________	2

9) Wie viele Höllenkreise stellte Dante dar und welche Sünde empfand Dante als die schlimmste? Warum? ____ ____ ____ ____	3
10) Warum begegnet man Homer oder Aristoteles in der Hölle? ____ ____	1
11) Wer war Vergil in Wirklichkeit? Welche Rolle spielte er in der göttlichen Komödie? ____ ____	2

Von 32 Punkten hast du ____ erreicht.

8 Lösungen Deutsch 5. und 6. Klasse

8.1 Lösung zu Grammatik und Rechtschreibproben

8.1.1 Lösung zur Kurzarbeit 1

1) Die Grundform eines Verbs nennt man im Lateinischen: Infinitiv 8

Ein Verb kann man in verschiedene Zeiten setzen, diese Zeitformen nennt man auch **Tempora**.

Die Gegenwart oder auch **Präsens** genannt, verwendet man dann, wenn man ausdrücken will, dass etwas im ‚Jetzt' geschieht oder aber **allgemein gültig** ist.

In der deutschen Sprache haben wir **drei Vergangenheitsformen**,

1. Vergangenheit heißt auch **Präteritum/Imperfekt**, die
2. Vergangenheit nennt man auch **Perfekt,** und die
3. Vergangenheit heißt auch **Plusquamperfekt**.

Für den geschriebenen Text in der Vergangenheit verwenden wir das **Präteritum/Imperfekt**.

2) Bilde die Infinitivformen dieser Verben und gib an, in welcher Zeit die Verben stehen! 4

a) bot, **bieten, Präteritum.**

b) hat getreten, **treten, Perfekt.**

c) gelang, **gelingen, Präteritum/Imperfekt.**

d) hatte getrieben, **treiben, Plusquamperfekt.**

3) 12

Hochmut	**Nomen**	seine	**Personalpronomen**
dem	**best. Artikel**	bekreuzigte	**Verb, Präteritum**
verstorbene	**Adjektiv**	verwarf	**Verb, Präteritum**
kurz	**Adjektiv**	ehe	**temporales Adverb**
regte	**Verb, Präteritum**	ihn	**Personalpronomen**
Gewissen	**Nomen**	heutzutage	**temporales Adverb**

4) 5

Hochmut	Überheblichkeit, Vermessenheit, Arroganz
ehe	bevor
verstorbene	tote
heutzutage	jetzt, heute, mittlerweile, nun
bereits	schon

5) 6

Welt	**Nominativ**
ich	**Nominativ**
Antwort	**Nominativ**
Gewissens	**Genitiv**
Augen	**Dativ**
er	**Nominativ**

6) Bilde den Plural zu folgenden Nomen! 11

Kaktus	**Kakteen**	Lexikon	**Lexika**
Atlas	**Atlanten**	Datum	**Daten**
Praktikum	**Praktika**	Konto	**Konten**
Prinzip	**Prinzipien**	Drama	**Dramen**
Kasus	**Kasus**	Tenor	**Tenöre**
Tempus	**Tempora**	Antibiotikum	**Antibiotika**

8.1.2 Lösung zur Extemporale 2

1) Die vier Fälle: 8

	Lateinische Bezeichnung	**Frage**
1.	Nominativ	Wer oder was?
2.	Genitiv	Wessen?
3.	Dativ	Wem?
4.	Akkusativ	Wen oder was?

2) 17

a) Das Pferd des Barons warf den Mann aus dem Sattel.

Pferd	Nominativ
Barons	Genitiv
Mann	Akkusativ
Sattel	Dativ

b) Der Lehrer zeigt an der Tafel den Lösungsweg der Aufgabe.

Lehrer	Nominativ
Tafel	Dativ
Lösungsweg	Akkusativ
Aufgabe	Genitiv

c) Der Tennislehrer erklärt die Spielregeln des Turniers.

Tennislehrer	Nominativ
Spielregeln	Akkusativ
Turniers	Genitiv

d) Der Vater kauft dem Sohn eine neue Schultasche in München.

Vater	Nominativ
Sohn	Dativ
Schultasche	Akkusativ

e) Der König gibt dem armen Mädchen die goldene Kette zurück.

König	Nominativ
Mädchen	Dativ
Kette	Akkusativ

3) Wie nennst du diese Tiere genau? 8

Männliche Ente	Erpel
Männliche Gans	Gänserich
Männliche Maus	Mäuserich
Weibliches Schwein	Sau
Schweinchenkinder	Ferkel
Männliches Wildschwein	Keiler
Jungen des Wildschweins	Frischling(-e)
Jungen der Kuh	Kalb/Kälber

4) Unterstreiche im Text das Subjekt und kreise die Akkusativobjekte blau ein und die Dativobjekte grün. 5

„Berauscht von seinem Mut und Erfindungsgeist produzierte Livinius am nächsten Morgen seinen ersten Trank, der seine Welt verändern sollte. Die Eberraute hatte ihn nicht enttäuscht und die Wirkung hergestellt, die er wollte, nur das schöne Neongrün wich einem Kackbraun.“

seinem Mut und Erfindungsgeist	Dativobjekt, berauscht von wem?
Trank	Akkusativobjekt
die Wirkung	Akkusativobjekt

5) Setze die passenden Ausdrücke ein: 5

Alte Butter schmeckt **ranzig**.

Wenn Mandeln alt werden, schmecken sie **bitter**.

Ist die Sonne tagsüber nicht zu sehen, so ist der Himmel **bewölkt**.

Ein Buch das nicht langweilig ist, ist **unterhaltsam/spannend.**

Ein Sachbuch, aus dem du viel Neues erfährst, ist **informativ.**

8.1.3 Lösung zur Kurzarbeit 3

1. Schreibe den Text unter Berücksichtigung der Groß- und Kleinschreibung ab: Wer täglich die Tageszeitung liest, ist stets über alles Aktuelle und viel Interessantes und Aufsehenerregendes informiert. Wo sich etwas Schreckliches ereignet, ist sofort eine Horde sensationslüsterner Reporter zur Stelle. Neben den Sensationsnachrichten findest du in der Zeitung auch viel Informatives über Veranstaltungen in deiner Stadt, so wie das Kino und Theaterprogramm. Der Sportteil für Sportbegeisterte darf natürlich auch nicht fehlen. Aber auch diese Nachrichten sind nicht immer erfreulich. Für die Fans gibt es oft nichts Schlimmeres als über das Versagen ihrer Mannschaft zu lesen, aber auch kaum was Schöneres als sich detailliert über den Sieg der eigenen Mannschaft zu informieren. Natürlich darf auch der Wetterbericht mit dem Dreitagetrend in keiner Tageszeitung fehlen, auch wenn nicht immer eintritt, was da an Erfreulichem oder weniger Erfreulichem berichtet wird.	30
2. Unterstreiche im Text alle Adjektive blau, **Verben orange**, *Nomen grün*. Wer täglich die *Tageszeitung* **liest**, ist stets über alles *Aktuelle* und viel *Interessantes* und *Aufsehenerregendes* **informiert**. Wo sich etwas *Schreckliches* **ereignet**, **ist** sofort eine *Horde* sensationslüsterner *Reporter* zur *Stelle*. Neben den *Sensationsnachrichten* **findest** du in der *Zeitung* auch viel *Informatives* über *Veranstaltungen* in deiner *Stadt*, so wie das *Kino-* und *Theaterprogramm*. Der *Sportteil* für *Sportbegeisterte* **darf** natürlich auch nicht **fehlen**. Aber auch diese *Nachrichten* **sind** nicht immer erfreulich. Für die *Fans* **gibt** es oft nichts *Schlimmeres* als über das *Versagen* ihrer *Mannschaft* zu **lesen**, aber auch kaum was *Schöneres* als sich detailliert über den *Sieg* der eigenen *Mannschaft* zu **informieren**. Natürlich darf auch der *Wetterbericht* mit dem *Dreitagetrend* in keiner *Tageszeitung* **fehlen**, auch wenn nicht immer **eintritt**, was da an *Erfreulichem* oder weniger *Erfreulichem* **berichtet** wird.	23,5
3. Unterstreiche im Text alle substantivierten Adjektive gelb, substantivierte **Verben braun**. Wer täglich die Tageszeitung liest, ist stets über alles Aktuelle und viel Interessantes und Aufsehenerregendes informiert. Wo sich etwas Schreckliches ereignet, ist sofort eine Horde sensationslüsterner Reporter zur Stelle. Neben den Sensationsnachrichten findest du in der Zeitung auch viel Informatives über Veranstaltungen in deiner Stadt, so wie das Kino- und Theaterprogramm. Der Sportteil für sportbegeisterte darf natürlich auch nicht fehlen. Aber auch diese Nachrichten sind nicht immer erfreulich. Für die Fans gibt es oft nichts Schlimmeres als über **das Versagen** ihrer Mannschaft zu lesen, aber auch kaum etwas Schöneres als sich detailliert über den Sieg der eigenen Mannschaft zu informieren. Natürlich darf auch der Wetterbericht mit dem Dreitagetrend in keiner Tageszeitung fehlen, auch wenn nicht immer eintritt, was da an Erfreulichem oder weniger Erfreulichem berichtet wird.	5
4. Der Text ist im **Präsens** (in der **Gegenwart**) geschrieben.	1

8.1.4 Lösung zur Kurzarbeit 4

1. Bestimme die Satzglieder, indem du sie in die Tabelle einträgst. 16

	Satz 1	**Satz 2**	**Satz 3**	**Satz 4**
Nominativ	wer	etwas Schreckliches / eine Horde sensationslüs-terner Reporter	der Sportteil	diese Nachrichten
Genitiv				
Dativ				
Akkusativ	Tageszeitung			
Prädikat	liest / ist informiert	ereignet	darf fehlen	sind
lokale Adverbiale		zur Stelle		
temporale Adv.	täglich / stets	sofort		immer
modale Adv.				nicht erfreulich
kausale Adv.				
präpositional Obj.	über alles Aktuelle und viel Interessantes und Aufsehen-erregendes		für Sportbegeisterte	

2. Bestimme für folgende Verben den Infinitiv: 6

	Infinitiv
bot	bieten
sah	sehen
ging	gehen
trank	trinken
sank	sinken
klang	klingen

3. Benenne für folgende Verben die erste und zweite Vergangenheit und das Futur: 18

	1. Vergangenheit	2. Vergangenheit	Futur 1
ich bete	ich betete	ich habe gebetet	ich werde beten
du kriechst	du krochst	du bist gekrochen	du wirst kriechen
es klingt	es klang	es hat geklungen	es wird klingen
wir rufen	wir riefen	wir haben gerufen	wir werden rufen
ihr geht	ihr gingt	ihr seid gegangen	ihr werdet gehen
sie schwimmt	sie schwamm	sie ist geschwommen	sie wird schwimmen

4. Bestimme Numerus, Genus und Kasus der unterstrichenen Wörter im nachstehenden Satz. Du kannst hierbei die geläufigen Abkürzungen benutzen. 12

„Die Schulkinder hatten fast sieben Wochen Ferien, doch die meisten Kinder freuen sich nicht auf die Schule."

Schulkinder	**Nominativ, Neutrum, Plural**
Wochen	**- , Femininum, Plural**
Ferien	**Akkusativ, Femininum, Plural**
Schule	**Akkusativ, Femininum, Singular**

5. Verwende die folgenden Präpositionen im Zusammenhang mit einem beliebigen Nomen/Pronomen und bestimme jeweils den Fall (nur Beispiele, es gibt viele Möglichkeiten, aber der Kasus ist fest) 10

ohne	**ohne Geld** kann ich nichts kaufen	Fall	4.
abseits	**abseits der Straße** …	Fall	2.
mit	**mit dir** gehe ich überall hin	Fall	3.
seit	**seit dem Unfall** kann er nicht mehr gehen	Fall	3.
infolge	**infolge des Unfalls** …	Fall	2.

6. Welche Arten von Adverbien kennst du? 4

modal (Art- und Weise), temporal (Zeit), kausal (Grund) und lokale Adverbien (des Ortes)

7. Nenne zu jeder Adverbienart ein Beispiel! 4

Sie verfolgte das Geschehen neugierig (modal) … am Montag (temporal)

Wegen der Hitze, gab es Hitzefrei (kausal) … in der Schule (lokal)

8. Bestimme das Genus der Wörter in der folgenden Tabelle und schreibe dabei die Fachbegriffe aus. 8

die Hunde	**Maskulinum**	die Jungen	**Maskulinum**
die Bücher	**Neutrum**	die Spiele	**Neutrum**
die Leiter	**Femininum**	die Schafe	**Neutrum**
die Mädchen	**Neutrum**	die Flüsse	**Maskulinum**

9. Übung zu ‚ss', ‚s' und ‚ß' 16

Marco sitzt auf dem Se**ss**el und hat ein schlechtes Gewi**ss**en. Er hat noch nicht für das Diktat geübt, da**s** er morgen in der Schule schreiben mu**ss**. Er hatte einen sehr hä**ss**lichen Tag, alles war mi**ss**lungen. Eigentlich wollte er ins Schlo**ss**museum gehen. Als er an der Ka**ss**e stand, bemerkte er, da**ss** er seine Geldbör**s**e nicht dabeihatte. Er ra**s**te nach Hause und stellte fest, da**ss** er zu allem Überdru**ss** auch den Schlü**ss**el verge**ss**en hatte. Als er zu seinen Fü**ß**en herabsah, mu**ss**te er erkennen, da**ss** er nicht einmal Schuhe anhatte. Es begann zu regnen. Er lief zu seinem besten Freund, de**ss**en Mama einen Zweitschlü**ss**el besa**ß**. Völlig durchnä**ss**t kam er dort an. Die Mutter seines Freundes bat ihn herein, obwohl sie gerade beim E**ss**en waren. Er durfte sich aus der Schü**ss**el bedienen und versuchte anschlie**ß**end möglichst ordentlich mit Me**ss**er und Gabel zu e**ss**en. Auch der Hund Bello bekam seinen Fre**ss**napf und freute sich auf seinen Fra**ß**. Marco spielte mit seinem Freund Jan-Philipp und am Ende hatte er doch noch ein bi**ss**chen Spa**ß** gehabt an diesem na**ss**en Tag.

8.1.5 Lösung zur Schulaufgabe / Kurzarbeit 5

1. Bestimme den Kasus der unterstrichenen Ausdrücke, indem du sie gemäß der Nummerierung in die Tabelle schreibst. 10

Mit dem neuen Handy (1) ihres Bruders (2) schickte Nina (3) ihrer Freundin Lisa (4) eine SMS (5). Sofort erhielt Nina (6) eine Antwort (7) von Lisa (8).
Sie bestätigte Ninas (9) Einladung (10) ins Schwimmbad.

Ausdruck	Kasus	Ausdruck	Kasus
1	**Dativ**	6	**Nominativ**
2	**Genitiv**	7	**Akkusativ**
3	**Nominativ**	8	**Dativ**
4	**Dativ**	9	**Genitiv**
5	**Akkusativ**	10	**Akkusativ**

2. Verwende die folgenden Präpositionen im Zusammenhang mit einem beliebigen Nomen/Pronomen und bestimme jeweils den Fall (hier stehen nur Beispiele, es gibt viele Möglichkeiten, aber der Kasus ist fest). 12

gegen	**gegen meinen Willen**	Fall	4.
zu	**zu dir** komme ich gerne	Fall	3.
mit	**mit deinem Talent** kannst du alles erreichen	Fall	3.
innerhalb	**innerhalb einer Woche** war er wieder fit	Fall	2.
anstelle	**anstelle von Paul** kam Peter	Fall	3.
aus	**aus dir** wird bestimmt ein großer Künstler	Fall	3.

3. Setze die fehlenden Kommata richtig ein. 8

1. Ein Schäferhund ist größer als ein Dackel.
2. „Übt alle fleißig!", mahnte der Lehrer.
3. Er verhält sich so, wie es der Lehrer von ihm erwartet.
4. Zum Nachtisch gibt es nichts Süßes, sondern Obst und zwar Äpfel, Birnen, Erdbeeren und sogar Ananas.
5. Ich bemühe mich, aber ich schaffe es nicht.
6. Ich wurde rot wie eine Tomate.
7. Ich erklärte ihm, wie ich das zeichnen würde.
8. Wenn ich spazieren gehe, ziehe ich eine Jacke an.

4. Dekliniere folgende Nomen mit dem bestimmten Artikel: 12

Garten im Plural	Stuhl im Singular	Ente im Plural
die Gärten	**der Stuhl**	**die Enten**
der Gärten	**des Stuhls**	**der Enten**
den Gärten	**dem Stuhl**	**den Enten**
die Gärten	**den Stuhl**	**die Enten**

5. Vervollständige den nachstehenden Text, um die fehlenden Vokale und Konsonanten. 19

Pauls Alltag

Fr**üh** **m**orgens, nachdem sein We**ck**er geklingelt hat, st**eh**t Paul auf. Als erstes g**eh**t er ins Badezi**mm**er und w**ä**scht sein Gesicht. Anschlie**ß**end f**üh**lt er sich frisch und l**äu**ft zum Frü**h**stückstisch. Meistens i**ss**t er ein Müsli und trinkt eine Ta**ss**e **Tee.** **Bev**or er da**s** Haus verlä**ss**t pu**tz**t er sich noch die Zä**h**ne. Er l**äu**ft zur S-Ba**h**n und ist ungef**äh**r 40 Minuten sp**ä**ter in der Schule. Dort lernt er v**ie**l über M**ee**re, Flü**ss**e und S**ee**n, Geometr**ie** und Algebra, Gra**mm**atik und Rechtschreibung. Nat**ü**rlich darf auch der Sport nicht f**eh**len. In den Pausen tobt er mit seinen Freunden herum oder sp**ie**lt Tischte**nn**is. Am Nachmi**tt**ag macht er seine Hausaufgaben, bereitet sich auf seinen n**ä**ch**s**ten Tag vor, übt Klav**ie**r und tr**iff**t nat**ü**rlich noch seine Freunde.

6. Bestimme die Wortarten! (8)

„Schon vor zwei Wochen hatte Peter mir zwei Karten für das ausverkaufte Bayernspiel am Sonntag geschenkt. Deshalb fuhr ich am Wochenende mit Franz nach München."

zwei	Numerale
ausverkaufte	Adjektiv
am	Präposition
mir	Pronomen
deshalb	Konjunktion
Wochen	Nomen
mit	Präposition
nach	Präposition

7. In folgendem Text haben sich leider Fehler eingeschlichen. Markiere die falschen Wörter und schreibe sie korrekt in die Zeile darunter. (12)

Bayern l**ie**g**t** bei der Arbeits**los**igkeit weit unter dem Bundesdurchschni**tt**. Die angene**h**me Lage, in der Nä**h**e zu den Alpen und zu Italien läs**s**t v**ie**le Menschen nach Bayern zie**he**n. Auch Firmen haben sich vor allem in der Gegen**d** um München und Nürnberg anges**ie**delt und damit za**h**lreiche Arbeitsplätze gescha**ff**en.

8. Ersetze das Wort "machen" in den Sätzen durch einen besseren Ausdruck. (9)

Seine Arbeit machen.	Seine Arbeit **erledigen**.
Ein Abendessen machen.	Ein Abendessen **zubereiten**.
Eine Reise machen.	Eine Reise **unternehmen** / **antreten**.
Aus Windkraft Strom machen.	Aus Windkraft Strom **gewinnen** /**erzeugen**.
Jemandem Angst machen.	Jemandem Angst **einjagen**.
Den Computer anmachen.	Den Computer **einschalten** / **hochfahren** / **booten**.
Hier musst du ein Fragezeichen machen.	Hier musst du ein Fragezeichen **setzen**.
Jemandem Sorgen machen.	Jemandem Sorgen **bereiten**.
Etwas zu Ende machen.	Etwas zu Ende **bringen**.

9. Welche Arten von Adverbien kennst du? (4)

modal (Art- und Weise), temporal (Zeit), kausal (Grund), lokal (Ort)

10. Nenne zu jeder Adverbien-Art zwei Beispiele! (8)

Kausal: deshalb, sonst, dadurch ....
Lokal: rechts, oben, unten, auf, ...
Modal: gerne, sehr, kaum, leider ...
Temporal: nachmittags, später, heute, immer, jetzt ...

8.2 Lösung zur Übung Synonyme

1) Ersetze die Begriffe in der Tabelle durch ein Synonym! 20

Passant	Fußgänger, Mensch, Person, Spaziergänger
Hoffnung	Mut, Zuversicht, Vertrauen, Erwartung
Katastrophe	Unglück, Unfall, Desaster, Drama, Not
Antlitz	Gesicht, Angesicht, Miene (Fratze, Fresse = schlecht)
Brötchen	Semmel(n), Wecken, Schrippen
Gedränge	Chaos, Durcheinander, Tumult, Ansammlung von Menschen
Fleischer	Metzger, Schlächter
in Panik geraten	Angst bekommen, sich fürchten, sich erschrecken
nachdenken	grübeln, sinnieren, überlegen, brüten
schlafen	ruhen, schlummern, pennen
dauerhaft	immer, durchgängig, andauernd, beharrlich
Mumm	Mut, Zuversicht, Selbstvertrauen
schädlich	nachteilig, zerstörend, schadend, unannehmbar, negativ
abgeben	aufgeben, teilen, abtreten, verkaufen
Wut	Zorn, Empörung, Entrüstung, Hass
Karriere	Laufbahn, Werdegang, Erfolg
teuer	wertvoll, kostspielig, exklusiv
sparsam	genügsam
unehrlich	falsch, verlogen, ehrlos
außergewöhnlich	besonders, ausgezeichnet

2) Ersetze in den folgenden Sätzen die unterstrichenen Wörter durch ein passendes Synonym. Manchmal kannst du auch mehrere Kreuze setzen! 10

a) Einige Hunde unterscheiden sich von anderen durch erstaunlich viele Merkmale.	☑ überraschend
b) Julian isst vermutlich am liebsten Nudeln.	☑ wohl ☑ wahrscheinlich
c) Das Buch ist sehr mitreißend geschrieben.	☑ fesselnd ☑ spannend
d) Leonie ist sehr gewandt mit dem Ball.	☑ geschickt
e) Das verheißt nichts Gutes!	☑ bedeutet ☑ besagt
f) Der alte Mann hatte beim Spiel eine beträchtliche Geldsumme verloren.	☑ enorme ☑ erhebliche

8.3 Lösung zur Übung Antonyme

Finde zu jedem Begriff das passende Antonym: 28

Tag	**Nacht**
gesund	**krank**
hoch	**tief**
schmutzig	**sauber, rein**
Gedränge	**Leere**
tot	**lebendig**
in Panik geraten	**ruhig sein, entspannt sein**
Glück	**Pech**
schlafen	**Wachen, wach sein**
Sklave	**Freier Mensch, eigenständiger Mensch**
Segen	**Fluch**
schädlich	**nützlich**
Amateur	**Profi**
schwarz	**weiß**
dick	**dünn**
weinen	**lachen**
Krieg	**Frieden**
Großzügigkeit	**Geiz**
friedliebend	**kriegerisch, kämpferisch, aggressiv**
häufig	**selten**
behaupten	**bestreiten, verneinen, bezweifeln**
geschwätzig	**schweigsam, still, ruhig**
Nachkommen	**Vorfahren**
Anstieg	**Abfall, Abgang, Rückgang**
abbremsen	**beschleunigen**
kopflos	**bedacht, überlegt**
Geld verprassen	**Geld sparen**
Erfolg	**Misserfolg**

8.4 Lösung zur Übung Homonyme

Erkläre folgende Homonyme!
Schreibe jeweils mindestens zwei Beispiele auf.

40

Schlange	**das Tier** **die Menschenschlange vor der Bäckerei**
Kiefer	**der Knochen im Gesicht** **der Baum**
Drachen	**der Lenkdrachen** **das Tier**
Pflaster	**das Straßenpflaster** **das Heftpflaster**
Herz	**gemaltes** **das Organ**
Spritze	**am Wasserschlauch, Feuerwehrschlauch** **des Arztes**
Schuppen	**die Fischschuppen** **die Gartenhütte / -haus; die Schuppen im Haar**
Nagel	**... in der Wand** **der Fingernagel**
Schild	**des Ritters** **das Ortsschild, Nummernschild**
Krone	**die Baumkrone** **die Krone des Königs** **die Aufziehschraube an der Uhr**
Decke	**die Decke des Zimmers** **die Bettdecke, Wolldecke**
Fliege	**das Insekt** **das Kleidungsstück**
Boxer	**das Hund** **der Sportler**
Hahn	**das Tier** **der Wasserhahn**
Schwester	**die Krankenschwester, Ordensschwester** **die Schwester (➔ Bruder , Geschwister)**
Löffel	**der Esslöffel** **die Ohren des Hasen**
Arm	**das Körperteil,** **mittellos**
Ball	**Fußball oder ähnliches zum Spielen** **das Tanzfest**
Tau	**das Seil,** **der Niederschlag**
Strauß	**der Vogel** **ein Blumenstrauß**

8.5 Lösung Jahrgangstufentest 1 - Geschichte des Reitens

1) Die folgenden acht Ausdrücke sind dem Text des ersten Abschnitts entnommen. Unterstreiche die zwei Ausdrücke, die den Inhalt des Textes am ehesten wiedergeben! — 2

Domestizierung, Reitsport.

2) Was stellt der zweite Abschnitt dar? Kreuze richtig an! — 1

☑ Überleitung zu Abschnitt 3 mit Einleitung.

3) Der dritte Abschnitt ist: — 1

☑ die Geschichte der Domestikation des Pferdes.

4) Welche Begriffe beschreiben den Inhalt des 3. Abschnittes am besten? Wähle zwei aus und unterstreiche diese! — 2

Wiederbewaldung	Orient	Herkunft	Funde
Krieg	Nutzbarmachung	Christus	Altsteinzeit

5) Welche zwei grundlegenden Werke der Reiterei nennt der Text. In welchen Abschnitten findest du diese? — 2

Schriftsteller	**Xenophon**	Textabschnitt: **4**
Schriftsteller	**Frederico Grisone**	Textabschnitt: **6**

6) Vergleiche die Aussagen anhand des Textes und kreuze das Zutreffende an! — 8

a) **Die erste gesicherte Domestikation des Pferdes fand in Rom statt.**
☐ richtig ☑ falsch ☐ nicht enthalten

b) **Pferde wurden nicht nur zur Überwindung weiter Strecken oder als Arbeitstier in der Landwirtschaft eingesetzt, sondern dienten auch im Krieg.**
☑ richtig ☐ falsch ☐ nicht enthalten

c) **Der besondere Schwerpunkt der Reitkunst nach Xenophon liegt in der Harmonie und Übereinstimmung zwischen Pferd und Reiter.**
☑ richtig ☐ falsch ☐ nicht enthalten

d) **Im 18. Jahrhundert wurde der Umgang mit dem Pferd sanfter und verständnisvoller.**
☑ richtig ☐ falsch ☐ nicht enthalten

e) **Ein Ritter kam einem Adeligen gleich.**
☑ richtig ☐ falsch ☐ nicht enthalten

f) **Pferde wurden zur gleichen Zeit wie auch Kamele domestiziert.**
☐ richtig ☐ falsch ☑ nicht enthalten

g) **Insbesondere die Weiterentwicklung des Sattels beeinflusste die klassische Reiterei.**
☐ richtig ☐ falsch ☑ nicht enthalten

h) **Sattel und Zaumzeug wurden bereits im dritten Jahrhundert vor Christus von nomadischen Völkern erfunden. Sie waren auch die Stammväter zahlreicher Reitvölker.**
☑ richtig ☐ falsch ☐ nicht enthalten

7) Kreuze richtig an! — 3

a) Abschnitt 4 b) Abschnitt 8 c) Abschnitt 1

8) Die unterstrichenen Wörter lassen sich auch durch ein Synonym ersetzen. Kreuze den richtigen Begriff an. Es können auch mehrere Begriffe richtig sein. 5

a) förderte / unterhielt
b) unabkömmlich
c) erzeugten, ausdachten
d) Unterhaltung, Vergnügung, Zeitvertreib
e) Einfluss, Stellung

9) Welche Begriffe beschreiben den 7. Abschnitt am besten? Unterstreiche zwei! 2

Methoden	Zukunft	Reitkunst	Militär
Wende	Pferd	Jahrhundert	Aussehen

10) Was unterscheidet die Reitkunst von der allgemeinen Reiterei? Kreuze die Aussagen an, die dem Inhalt des Textes entsprechen! Wie soll die Reitkunst aussehen? 2

☐ Sportliches Training ist eine Voraussetzung der Reiterei.
☑ Reitkunst und der Umgang mit dem Pferd soll sanft und verständnisvoll sein.
☐ Ausdauer und Kondition sind Grundvoraussetzungen.
☑ Harmonie zwischen Reiter und Pferd sollen herrschen.
☐ Mit einer gewissen Kraft und Durchsetzungsvermögen ist ein Pferd beherrschbar.

11) Ersetze in den folgenden Sätzen jeweils eines der unterstrichenen Wörter, um Wiederholungen zu vermeiden. Schreibe nur das neue Wort auf! 4

a) Menschen verspeisen Essen. Menschen essen Nahrung.
b) Schützende Kleidung bewahrt uns beim Reitsport vor Unfällen.
Sicherheitskleidung schützt uns beim Reitsport vor Unfällen.
c) Die meisten Pferde haben viele Haare.
Viele Pferde haben zahlreiche Haare.
d) Der Impfstoff dagegen ist nicht so teuer, richtig kostspielig ist aber die Behandlung der ausgebrochenen Influenza.

oder: Der Impfstoff dagegen ist nicht so unerschwinglich (wertvoll, unbezahlbar, überteuert), richtig teuer ist aber die Behandlung der ausgebrochenen Influenza.

12) Ersetze die unterstrichenen Wörter jeweils durch ein Synonym! 5

a) erzeugen
b) gemütlicher, komfortabler
c) verursacht, erregen
d) empfehlenswert
e) Ansteckung

13) Bestimme die Wortarten der unterstrichenen Wörter in den angegebenen Sätzen! 4

Ausgangspunkt	**Nomen**	es	**Personalpronomen**
viele	**Numerale**	und	**Konjunktion**
niedergelassen	**Verb**	Ausbildung	**Nomen**
über	**Präposition**	adeliger	**Adjektiv**

14) Bestimme in dem folgenden Satz zuerst alle Satzglieder und markiere sie. Dann schreibe die einzelnen Satzglieder in die linke Spalte der Tabelle und in die rechte Spalte den entsprechenden lateinischen Fachbegriff! 10

Ein nahezu unbekannter Pferdevirus	**Subjekt**
breitet sich aus	**Prädikat**
seit etwa einem Jahr	**Temporalangabe**
in weiten Teilen Bayerns	**Lokalangabe**
mit großer Geschwindigkeit	**Modalangabe**

8.6 Lösung Jahrgangsstufentest 2 – Lise Meitner

1) Welche Aussage erfasst den ersten Abschnitt des Textes am besten? Kreuze eine Aussage an! ☑ Die Annahme, dass man sich dem Thema Atom kaum entziehen kann.	1
2) In welchem Jahr übernahm Mahmud Ahmadinedschad in welchem Land die Präsidentschaft? In welchem Abschnitt findest du die Antwort? ☑ 2005 im Iran. Abschnitt: 1.	1
3) Welche Aussage erfasst den 2. Abschnitt am besten? ☑ Die Kernspaltung wurde sowohl von einem Mann, als auch einer Frau erfunden.	1
4) Welche Aussage trifft den 3. Abschnitt am besten? ☑ Als Frau war es Lise Meitner zuerst verwehrt, das Gymnasium zu besuchen. Das Abitur konnte sie nur extern und erst später ablegen und als Wissenschaftlerin war sie nur im Laborkeller geduldet, durfte bestimmte Räume gar nicht betreten und auch nicht wissenschaftlich arbeiten.	
5) Welche Aussage beschreibt Abschnitt 4 am besten? ☑ Lise Meitners Qualifikation als Physikerin.	1
6) In Abschnitt 5 wird erklärt, warum Neutronen „effektive Geschosse“ sind. Kreuze die richtige Antwort an. ☑ Da Neutronen keine Ladung tragen, werden sie von dem Atomkern nicht abgestoßen.	1
7) Welcher Grund wird in Abschnitt 7 für die Trennung der Wissenschaftler Hahn und Meitner angegeben? ☑ Durch die Vereinigung von Deutschland und Österreich wurde Lise Meitner zur Deutschen. Da sie aber jüdische Wurzeln hatte, wurde sie als Jüdin verfolgt. Es wurde ihr die Lehrerlaubnis entzogen, und sie konnte sich in Deutschland nicht mehr frei bewegen. Das Leben wurde gefährlich für sie. Daher floh sie vor den Nationalsozialisten.	1
8) Wie erklärte sich Lise Meitner in Abschnitt 8 die Atomspaltung? Wo und mit wem geschah dies? Kreuze richtig an. ☑ Bei einem Spaziergang am Strand mit ihrem Neffen, dem Kernphysiker Otto Frisch, verglich sie das Atom mit einem Wassertropfen, der durch seine Eigenschwingungen platzte. Die dadurch freigesetzte Energie berechnete sie mit der Einstein'schen Formel $e = mc^2$.	1
9) Abschnitt 9: ☑ nimmt wieder Bezug auf die Einleitung und das Atomzeitalter.	1
10) Im letzten Abschnitt wird erklärt: ☑ dass Otto Hahn den Nobelpreis zwar auch verdient hatte, es aber dennoch eine Fehlentscheidung war, ihn nicht auch Lise Meitner zu verleihen.	1
11) Die Mitarbeiter des Instituts unterzeichnen ab einem bestimmten Zeitpunkt nicht mehr mit Lise Meitner, sondern mit „Lies“. Aus welchem Grunde? ☑ Zu der Zeit, als sie die Namensänderung vornehmen ist es noch nicht problematisch, dass Lise Jüdin ist, sondern dass sie eine Frau ist.	1
12) Aus welchem Grunde war es nicht zu erwarten, dass die Kernspaltung und damit der Beginn des Atomzeitalters durch eine Frau begründet wurde? ☑ Frauen konnten in dieser Zeit nicht einfach ihr Abitur machen, forschen oder an der Universität arbeiten, so dass vielen Frauen der Zugang zu dem Wissen verwehrt blieb, das Voraussetzung für diese Forschung ist.	1

13) In einem Versuch beschossen Hahn und Meitner Atome und stellten fest, dass die Neutronen nicht wie ein Ball an einer Wand abprallten, sondern in den Kern eindrangen. Wurde das Element dadurch: ☑ schwerer ☐ leichter ☐ gleich schwer ☐ das alte Element wird zerstört	1
14) Überprüfe in den folgenden Aufgaben die Aussagen mit dem Text und kreuze richtig an! **Durch die Spaltung eines Uran-Atomkernes werden zwei bis drei Neutronen freigesetzt. Jedes dieser Teilchen spaltet wiederum ein weiteres Uranatom, wodurch eine Kettenreaktion entsteht.** ☑ richtig ☐ falsch ☐ steht nicht im Text	1
15) Otto Hahn bittet Lise Meitner, das Rätsel der Atomspaltung zu lösen. ☑ richtig ☐ falsch ☐ steht nicht im Text	1
16) Nachdem Lise Meitner an einem Mädchen - Gymnasium ihr Abitur abgelegt hatte, machte sie nach dem Lehrerinnenexamen in Französisch eine Ausbildung zur Röntgenschwester. ☐ richtig ☑ falsch ☐ steht nicht im Text	1
17) Lise Meitner konnte nur durch die Hintertür in das Institut gelangen, da Frauen offiziell nicht zugelassen waren. ☑ richtig ☐ falsch ☐ steht nicht im Text	1
18) Aufgrund ihrer jüdischen Religion war es ihr nicht erlaubt, Physik an der Universität zu studieren. Erst 1920 waren Jüdinnen zugelassen. ☐ richtig ☐ falsch ☑ steht nicht im Text	1
19) Ab 1934 kam Fritz Straßmann zu dem Team und sie begannen mit ihren Forschungen zu Transuranium Elementen. ☑ richtig ☐ falsch ☐ steht nicht im Text	1
20) **a) Kreuze die richtige Erklärung für den unterstrichenen Begriff an.** **Trotz vieler Vorschläge - auch durch Otto Hahn – erhielt Lise Meitner keinen Nobelpreis, was als fataler Fehler der Nobelpreisstiftung angesehen wurde.** ☑ Der Fehler war für die Nobelpreisstiftung sehr gravierend. **b) Noch vor der <u>Krönung ihrer Laufbahn</u> hatte Lise Meitner aufgrund ihrer jüdischen Herkunft das Land verlassen.** ☑ Sie konnte nicht mehr die Früchte ernten, die sie mit Otto Hahn gesät hatte, da sie noch bevor die Forschungsarbeiten zu Ende gebracht wurden, das Land verlassen musste und an weiteren Veröffentlichungen nicht mehr teilnehmen konnte. **c) Sie hatten einen wichtigen <u>Etappensieg</u> errungen.** ☑ Indem die beiden Wissenschaftler dies herausgefunden hatten, waren sie überhaupt nur in der Lage die spätere Kernspaltung zu erforschen, zu erklären und ihre Forschung weiter zu führen.	3

21) a) Finde für folgende Wörter das entsprechende Antonym: 9

Frage	Antwort
Recht	Unrecht
Selbstbewusstsein	Minderwertigkeitsgefühl, Unsicherheit

b) Finde für folgende Wörter das entsprechende Synonym:

Thema	Motiv, Inhalt, Aufgabe, Frage
Job	Arbeit, Anstellungsverhältnis, Beruf,
Gebäude	Haus, Bau, Bauwerk

22) Bestimme die Prädikate genau und fülle die Tabelle richtig aus. Verwende dazu die lateinischen Begriffe! Unterstreiche das Prädikat! 6

Bei diesem Versuch muss man vorsichtig vorgehen.

Person	3. Person
Numerus	Singular
Tempus	Präsens

Die Kernspaltung wird euch interessieren.

Person	3. Person
Numerus	Plural
Tempus	Futur

Die Kettenreaktion musst du kontrolliert ablaufen lassen.

Person	2. Person
Numerus	Singular
Tempus	Präsens

Unterstreichung Prädikat je ½ Punkt und je Spalte ½ Punkt.

23) Bestimme in dem folgenden Satz die angegebenen Satzglieder. Verwende die lateinischen Begriffe. 6

Bei einem Spaziergang am Strand an einem grauen Herbsttag mit ihrem Neffen, dem Kernphysiker Otto Frisch, findet sie die Lösung.

mit ihrem Neffen	**Dativobjekt**
sie	**Subjekt**
die Lösung	**Akkusativobjekt**
am Strand	**Adverbiale des Ortes**
an einem grauen Herbsttag	**Adverbiale der Zeit**
fand	**Prädikat**

8.7 Lösung zum kleinen Leistungsnachweis 1

1) Bestimme die Wortarten in folgenden Sätzen, gemäß dem unteren Kasten! Gib bei allen Verben die Zeitformen mit an. 10

machst	**Verb, Gegenwart**	Torte	**Nomen**
fragte	**Verb, Präteritum**	essen	**Verb, Infinitiv**
und	**Konjunktion**	normal	**Adjektiv**
Ignaz	**Nomen**	schlafen	**Verb, Infinitiv**
du	**Personalpronomen**	ausgiebig	**Adjektiv**
kleines	**Adjektiv**	Bergmassiv	**Zusammengesetztes Nomen**
Kind	**Nomen**	Schokolade	**Nomen**
dein	**Possessivpronomen**	schon	**temporales Adverb**
mir	**Possessivpronomen im Dativ**	ein	**unbestimmter Artikel**
Anblick	**Nomen**	die	**bestimmter Artikel**

2) Bestimme auch hier die Wortarten! 8

sein	Possessivpronomen	problem	Nomen, Substantiv
scheint	Verb, Gegenwart	zu sein	Verb Grundform
er	Personalpronomen	gelangweilt	Adjektiv
ist	Verb, Gegenwart	dass	Konjunktion

3) Schreibe die finiten Verbformen aus dem Satz in Aufgabe 2 auf! 2

scheint, ist

4) Bilde aus der „wörtlichen Rede" und dem Begleitsatz drei verschiedene Varianten, bei welchen der Begleitsatz jeweils an einer anderen Stelle steht. 3

Denke an die richtige Zeichensetzung!

a) Linus meckert: „Wir haben immer viel zu viel Schule!"

b) „Wir haben immer viel zu viel Schule!", meckert Linus.

c) „Wir", meckert Linus, „haben immer viel zu viel Schule!"

5) Finde heraus, ob es sich um Aktiv- oder Passiv-Sätze handelt und bestimme den Tempus (Zeitform). 6

Beispiel: Heute wird Geburtstag gefeiert.	A, Präsens
Anita hat einen Brief geschrieben.	A, Perfekt
Die Kirschen werden geerntet.	P, Präsens
Das Buch wurde ins Englische übersetzt.	P, Präteritum/Imperfekt

8.8 Lösung zum kleinen Leistungsnachweis 2

1) Schreibe jeweils einen passenden Satz auf, den du dir frei ausdenken kannst! 4

Temporalsatz: Als die Kirchturmuhr Mitternacht schlug, wachte ich auf.
Kausalsatz: Ich ging schnell nach Hause, weil es schneite.
Finalsatz: Damit ich gewinne, tue ich alles.
Konzessivsatz: Obwohl ich immer übe, kann ich nie meine Klavierstücke.

2) Fülle die Tabelle aus! 6

a)	**Positiv**	klug
	Komparativ	**klüger**
	Superlativ	**am klügsten**

b)	**Maskulinum**	der Mann
	Femininum	die Tochter
	Neutrum	das Kind

3) Trenne die Satzglieder und bestimme sie. 5
Die Tante meiner Nachbarin denkt freitags über die vergangene Woche nach.

Die Tante	**Subjekt**
meiner Nachbarin	**Genitivobjekt**
denkt nach	**Prädikat**
freitags	**temporale Adverbiale**
über die vergangene Woche	**Präpositionalobjekt (worüber?)**

4) Um welche Satzart handelt es sich? Die Interpunktion fehlt! Setze die Kommata und unterstreiche die Nebensätze, die auch Satzglieder sind! 4

a) Obwohl wir heute eine Ex schreiben, habe ich nicht gelernt.
✍ Konzessivsatz
b) Nachdem Paul eine Schulaufgabe geschrieben hatte, kannte er sich gut aus.
✍ Temporalsatz
c) Er war müde, sodass er nicht mehr ins Kino gehen konnte.
✍ Konsekutivsatz
d) Er bemerkte, dass er verlieren würde.
✍Objektsatz

5) Aktiv / Passiv? Ergänze die Tabelle! 2

ich wasche	**Aktiv**
ich werde gewaschen	Passiv

8.9 Lösung zum kleinen Leistungsnachweis 3

1) Schreibe die einzelnen Satzglieder in die linke Spalte und bestimme sie in der rechten Spalte! 5

a) In den Grünanlagen des Hofgartens laufen viele Kinder wild brüllend durcheinander.

In den Grünanlagen	lokale Adverbiale (wo?)
des Hofgartens	Genitivobjekt
laufen	Prädikat
viele Kinder	Subjekt
wild brüllend	modale Adverbiale (wie?)

b) Über die bösen Blicke vieler Spaziergänger setzten sich die Kinder grinsend hinweg. 5

Über die bösen Blicke	Präpositionalobjekt (worüber?)
vieler Spaziergänger	Satzergänzung im Genitiv
die Kinder	Subjekt
grinsend	modale Adverbiale (wie?)
setzten sich hinweg	Prädikat

c) Der Mann blickte traurig über den herbstlichen See. 4

der Mann	Subjekt
blickte	Prädikat
traurig	modale Adverbiale
über den herbstlichen See	Präpositionalobjekt (worüber?)

2) Fülle die Tabelle aus. Finde im Text jeweils ein Beispiel! 7

Subjekt	ein in einen dicken Mantel gehüllter **Botengänger**
Prädikat	war eingetroffen, berichtete
Akkusativobjekt	**die unglaubliche Geschichte** seiner Reise.
Dativobjekt	den staunenden Gutsherren
lokale Adverbiale	auf dem Gut
temporale Adverbiale	düster grauen Morgen
Genitivobjekt	des Herrschers

3) Finde heraus, ob es sich um Aktiv- oder Passiv-Sätze handelt und bestimme den Tempus (Zeitform). 6

Beispiel: Heute wird Geburtstag gefeiert. → A, Präsens

Langsam wurde es kalt.	A/Präteritum
Alle sind zum Fest eingeladen worden.	P/Perfekt
Heute wird eine Party veranstaltet.	P/Präsens

8.10 Lösung zum kleinen Leistungsnachweis 4

1) Bestimme die Wortarten! 16

morgen	**Temporaladverb**
neben	**Lokaladverb, Präposition**
dieser	**Pronomen**
eine	**unbestimmter Artikel**
mir	**Personalpronomen**
was	**Interrogativpronomen**
drei	**Numerale, Kardinalzahl**
dass	**Konjunktion**
Aha	**Interjektion**
ich	**Personalpronomen**
mein	**Possessivpronomen**
sich	**Reflexivpronomen**
der Erste	**Numerale, Ordinalzahl**
folglich	**Kausaladverb**
als	**Konjunktion (Bindewort)**
Kuh	**Nomen**

2) Wie heißen im lateinischen die Steigerungsformen (Komparationen)? 3

Positiv, Komparativ, Superlativ

3)  4

Kasus	Singular	Plural
Nominativ	die dicke Kuh	die dicken Kühe
Genitiv	der dicken Kuh	der dicken Kühe
Dativ	der dicken Kuh	den dicken Kühen
Akkusativ	die dicke Kuh	die dicken Kühe

4) Schreibe die entsprechenden Verbformen auf! 2

a) ihr grubt

b) Iss!

5) Schreibe vier verschiedene Kategorien auf, nach welchen sich Verben bestimmen lassen! 4

- Tempus
- Numerus (Singular, Plural)
- Modus (Indikativ, Konjunktiv, Imperativ)
- Genus verbi (aktiv, passiv)

8.11 Lösung zum kleinen Leistungsnachweis 5

1) Gib Synonyme zu folgenden Begriffen an. 6

Popularität	**Berühmtheit, Bekanntheit**
Regeln	**Gesetze, Gebote**
Martyrien	**Qualen**
Symbol	**Zeichen**
Tortur	**Folter, Qual, Strapaze**
Differenzierung	**Unterscheidung**

2) Was versteht man unter einer irdischen Strafe? 1

Unter einer irdischen Strafe versteht man eine Strafe, die noch zu Lebzeiten verbüßt werden muss.

3) Gib Antonyme zu folgenden Begriffen an. 4

Hölle	**Himmel**
zeitgemäß	**altmodisch**
Interesse	**Desinteresse**
Pflicht	**Kür, Tugend**

4) Wer bringt den Sünder über welchen Fluss, bevor er in die Hölle kommt? 2

Der Fährmann Charon bringt den Sünder über den Fluss Styx und verlangt dafür einen Obolus.

5) Wer hat unsere Moralvorstellungen in Europa wesentlich beeinflusst? Und welche Hilfsmittel wurden dafür verwendet? 4

In Europa wurden die Moralvorstellungen maßgeblich durch die Kirche und die zehn Gebote geprägt. Um die Menschen dazu zu bringen diese auch einzuhalten, zeigte man ihnen immer wieder auf, was passieren würde, wenn sie zu Sündern würden. In diesem Falle kämen sie in die Hölle und müssten diverse Qualen erleiden.

6) Schreibe 6 zusammengesetzte Nomen aus dem Text auf. 3

Moralvorstellungen
Fußballtrainer
Kavaliersdelikt
Steuerschuld
Steuerhinterziehung
Wirtschaftsverbrecher

7) Erkläre in eigenen Worten, was „du sollst nicht falsch Zeugnis reden" bedeutet. 2

Ich denke, das soll heißen, dass man nicht lügen oder aber falsche Geschichten über Menschen erzählen sollte.

8) Wie viele Höllenkreise stellte Dante dar und welche Sünde empfand Dante als die schlimmste? Warum? 3

Dante stellte die Unterwelt in zehn Kreisen dar, die trichterförmig zum Mittelpunkt der Erde angeordnet waren.

Dante stellte den Verrat als die schlimmste aller Sünden dar, da er selbst verraten und aus seiner geliebten Stadt Florenz verbannt wurde.

9) Warum begegnet man Homer oder Aristoteles in der Hölle? 1

Weil beide nicht getauft waren, also nicht der Kirche angehörten.

10) Wer war Vergil in Wirklichkeit? Welche Rolle spielte er in der göttlichen Komödie? 2

Vergil war ein lateinischer Dichter aus dem alten Rom. In der göttlichen Komödie ist er der Jenseitsführer.

9 Lösungen zu Übungen im Grundlagenteil

Lösung – zu 2.4.1 Übung 1 - Aktiv oder Passiv

Schreibe hinter jeden Satz, ob der Satz im Aktiv (A) oder Passiv (P) steht.

Was wird aus uns werden?	**(A)**
Wer wird zum Kanzler gewählt?	**(P)**
Er wurde geschubst.	**(P)**
Die Geschichte wird uns wohl kaum geglaubt werden.	**(P)**
Wir wählen den besten Sänger.	**(A)**
Sie sitzen auf der Tribüne.	**(A)**
Gestern wurde viel gelacht und getrunken.	**(P)**
Was habt ihr euch nur dabei gedacht?	**(A)**
Der Teig wird ausgerollt.	**(P)**
Paul wird ins Kino gehen.	**(A)**
Zuerst werden die Zutaten vermischt.	**(P)**
Julius wird die Matheprobe nachschreiben.	**(A)**
Nina rollt den Teig aus.	**(A)**
Auf der Trommel wird getrommelt.	**(P)**
Paul trommelt auf seiner Trommel.	**(A)**
Tina führt die Hunde an der Leine.	**(A)**
Die Hunde werden an der Leine geführt.	**(P)**
Der Hund wird gestreichelt.	**(P)**
Tine backt einen Kuchen.	**(A)**
Vater wird noch eine Flasche Wein öffnen.	**(A)**

Lösung - zu 2.4.2 Übung 2 - Aktiv oder Passiv

Setze die angegebenen Sätze ins Passiv:

Aktiv	Passiv
Ich grüße.	**Ich werde gegrüßt.**
Er streichelt den Hund.	**Der Hund wird von ihm gestreichelt.**
Ich küsse.	**Ich werde geküsst.**
Sie schlägt den Hund.	**Der Hund wird von ihr geschlagen.**
Tina nimmt den Auftrag an.	**Der Auftrag wird von Tina angenommen.**
Paul führt den Hund spazieren.	**Der Hund wird von Paul spazieren geführt.**
Die Natur hat ihn mit einem scharfen Verstand gesegnet.	**Er wurde von der Natur mit einem scharfen Verstand gesegnet.**
Das Abenteuer lockt sie.	**Sie wird vom Abenteuer angelockt.**
Mama erhitzt das Öl in der Pfanne, bevor sie das Fleisch hineinlegt.	**Das Öl in der Pfanne wird (von Mama) erhitzt, bevor das Fleisch hineingelegt wird.**
Tante Erna erwartet die Familie.	**Die Familie wird von Tante Erna erwartet.**
Sie backt einen Kuchen.	**Der Kuchen wird gebacken.**
Er mariniert den Braten, bevor er ihn ins Rohr schiebt.	**Der Braten wird (von ihm) mariniert, bevor er ins Rohr geschoben wird.**
Am Abend wird uns Mama noch eine Geschichte vorlesen.	**Am Abend wird uns von Mama noch eine Geschichte vorgelesen werden.**
Vater wird zum Abendessen noch eine Flasche Wein öffnen.	**Zum Abendessen wird eine Flasche Wein (vom Vater) geöffnet werden.**

Lösung Übung 3: Versuche die Sätze durch eine passende Konjunktion zu verbinden und dabei Wiederholungen zu vermeiden. Markiere Haupt- und Nebensätze unterschiedlich.

Der Nebensatz ist unterstrichen. du erkennst ihn daran, dass er durch eine Konjunktion eingeleitet wird und das Prädikat am Satzende steht. Auch hier gibt es viele andere Möglichkeiten.

1. Ich fahre zu meiner Oma. Sie hat heute Geburtstag.
   Ich fahre zu meiner Oma, **denn** Sie hat heute Geburtstag. (weil, da)
2. Ich muss gehen. Es wird bald dunkel.
   Ich muss gehen, **da** es bald dunkel wird. (weil, denn)
3. Marie ist durch die Prüfung gefallen. Sie hatte sich drei Wochen lang vorbereitet.
   Marie ist durch die Prüfung gefallen, **obwohl** sie sich drei Wochen lang vorbereitet hatte.
4. Paul ärgert Oskar. Er beginnt zu weinen.
   Paul ärgert Oskar, **deshalb** beginnt er zu weinen.
5. Carlo sucht einen neuen Job. Er findet keinen.
   Carlo sucht einen neuen Job, **aber / doch** er findet keinen.
6. Franz ist stark erkältet. Er darf 14 Tage keinen Sport treiben.
   Weil Franz stark erkältet ist, darf er 14 Tage keinen Sport treiben.
7. Emil hat große Probleme. Er kann nicht gut schlafen.
   Emil hat große Probleme, **weshalb** er nicht gut schlafen kann / **deshalb** kann er nicht gut schlafen.
8. Michael und Christa waren in Rom. Ihnen wurde die Kamera gestohlen.
   Als Michael und Christa in Rom waren, wurde ihnen die Kamera gestohlen.

Lösung Übung 4: Zeige was du gelernt hast, setze die Wörter richtig ein!

Die Schule fängt **morgens** um 8:00 Uhr an. Nach dem **Lernen** spiele ich am **Nachmittag** mit meinen Freunden. Ich muss **abends** zuhause sein, bevor es dunkel wird. Der Sportunterricht fällt **übermorgen** leider aus, da die Lehrerin **ganztags** auf Schulung ist. An Halloween gibt es viel **Süßes** und wenig **Saures**. Das **Sammeln** von Süßigkeiten macht mir großen Spaß. Aber zu viel **Süßes** ist schlecht für die Zähne!

Übung 5: Wörter mit Dehnungszeichen:

Dehnungs-h: Bohrer/bohren, Rohre, Möhre ...;
Dehnungs-e: Krieg, liegen, Sieg, wiegen ...;
Vokalverdoppelung: See, Aal, Paar, Beeren, ...;

Lösung Übung 6 Lösung zu „das“ oder „dass“

Ich glaube, **dass** der Zug heute nicht mehr fährt.
Ich verspreche, **dass** ich nicht zu spät komme.
Sie redet oft darüber, **dass** sie irgendwann auswandert.
Ich hoffe, **dass** es dir in England gut geht.
Wie heißt das Spiel, **das** du so gerne spielst.
Ich bin froh, **dass** alles so toll geklappt hat.
Ich freue mich, **dass** du so brav übst.
Die Blackbox von dem Flugzeug, **das** vor drei Tagen abgestürzt ist, wurde heute gefunden.
Das Unwetter, **das** vorhergesagt wurde, hat mehrere Straßen überflutet.
Im Radio spielen sie gerade **das** Lied, **das** dir so gut gefällt.
Das ist **das** Auto, **das** ich schon immer haben wollte.
Alle hoffen, **dass das** Wetter bald besser wird.
Was du heute kannst besorgen, **das** verschiebe nicht auf morgen.
Das Buch, **das** er braucht, wird er dort nicht finden.
Wie kommt **das**, **dass** das so oft falsch geschrieben wird?
Sie erklärte ihm, **dass** sie heute nicht kommen kann.
Dass Miriam gut kochen konnte, wussten die Gäste.
Der Arzt stellte fest, **dass das** Bein gebrochen war.
Ich wollte unbedingt das Kleid sehen, **das** Nina sich gekauft hat.
Dass ein Koch gut kochen kann, ist doch selbstverständlich.

Lösung Übung 7: Finde jeweils **mindestens** ein verwandtes Wort mit au oder a!

säubern	**sauber**
Gebäude	**Bau, bauen**
geschwächt	**schwach**
Erkältung	**kalt**
Geräusch	**Rausch, rauschen**
Räuber	**rauben, Raub**

Lösung Übung 8: Kommasetzung

Meine Eltern freuen sich schon, die EM 2016 am neuen Fernseher sehen zu können.
Bei der WM live dabei zu sein, das ist nur Wenigen gegönnt.
Mein Vorschlag, zum Public Viewing zu gehen, wurde begeistert angenommen.
Peter dachte an den Termin, den er heute Morgen hatte.
Michael wusste nicht, ob er ihn begleiten sollte.
Im Internet geben die Menschen viele Dinge Preis, ohne es zu wissen.
Es ist einfacher zu meckern, als gute Vorschläge zu machen.
Papa wird aufgefordert, die Rechnung zu bezahlen.
Clara hat sich ein rotes, gelbes und grünes T-Shirt gekauft.
Sie verlangt von mir (,) zu gehen.
Er verlangt von mir, das Paket abzugeben.
Nicht zu rauchen, das ist gesund.

Lösung Übung 9: Der gefräßige Wolf

Der gefräßige Wolf

Eines Tages zog ein sehr hungriger Wolf durch den Wald.

„Ich hoffe, ich finde bald etwas zum Fressen"**, murmelte** er mürrisch vor sich hin. Mit gierigen Augen starrte er nach rechts und nach links. Plötzlich sah er einen großen, kräftigen Hasen des Weges hoppeln. Dem Wolf lief sogleich das Wasser im Maul zusammen. Er brüllte den Hasen an: „Ich muss dich leider fressen, denn sonst komme ich um vor Hunger**!“.** Verständnisvoll lispelte der Hase**:** „Nun ja, wenn du nicht anders kannst, dann friss mich ruhig.“ „Aber - wäre es nicht noch viel besser für deinen riesigen Hunger“**,** schlug der schlaue Hase vor, „wenn ich dir auch noch einen ganz jungen Hasen zur Vorspeise bringen würde?“

Der Wolf hatte so großen Hunger, dass er kaum klar denken konnte. „Ja, du hast recht mein Freund, das wäre noch besser“, meinte er eifrig. „Ich bin einverstanden!“ Der listige Hase verschwand sogleich und der Wolf sah ihn nie mehr wieder.

Lösung Übung 10: „Ein tierischer Störenfried“

Musterlösung zu „Ein tierischer Störenfried“

(natürlich gibt es noch viele andere Möglichkeiten)

Paul geht mit seinen Freunden zum Fußball spielen auf den Bolzplatz. ***Dort angekommen*** teilen sich die Jungs in zwei Mannschaften auf und das Spiel fängt an. Paul hat den Ball und läuft so schnell er kann in Richtung Tor. ***Plötzlich*** schießt er aufs Tor und der Torwart kann den Ball nicht halten. ***Daraufhin*** rufen seine Mannschaftsspieler laut: „Tor! Tor!“ ***Ein wenig später*** kommt seine Schwester Nina mit ihrer Freundin Alena und ihrem Hund Bello vorbei. ***Sofort*** sieht Bello den Ball und läuft auf ihn zu. ***Nach wenigen Minuten*** hat er ihn auch schon und fängt an daran zu knabbern. *Schließlich* versuchen die Jungs gemeinsam Bello den Ball abzunehmen, leider erfolglos. ***Nach einiger Zeit*** geben die Jungs auf, sie sind ziemlich sauer, weil sie ohne Ball nicht mehr weiterspielen können. ***In diesem Augenblick*** kommt Julius mit einem Fußball um die Ecke. ***Begeistert*** ruft Paul: „Julius, du bist die Rettung, Bello gibt den Ball nicht mehr her!“ ***Nach einer Weile*** packen Nina und Alena Bello samt dem Ball im Maul und gehen wieder nach Hause.

Lösung Übung 11: tierische Redewendungen

Wohnt jemand recht abgeschieden, so wohnt er **da, wo sich Fuchs und Hase ‚gute Nacht' sagen.**
Einen besonders gerissenen Menschen bezeichnet man als e**inen Fuchs oder einen alten Hasen.**
Ist jemand besonders schüchtern, so bezeichnet man ihn als **scheu wie ein Reh.**
Bist du heiser und kannst kaum reden, dann hast du einen **Frosch im Hals.**
Wenn du dir finanziell keine Sorgen machen musst, dann hast du deine **Schäfchen im Trockenen.**
In der Familie baut meine Cousine immer nur Mist, sie ist **das schwarze Schaf** der Familie.
Ein Mensch, der immer harmlos tut und wirkt, in Wirklichkeit aber mehr Böses im Sinn hat, nennt man **den Wolf im Schafspelz.**
Gibt jemand endlich ein Geheimnis preis, so lässt er **die Katze aus dem Sack.**
Wenn man auf einer Party zu viel getrunken hat, hat man am nächsten Tag **einen Kater.**
Kaufst du etwas, ohne es vorher gesehen zu haben, so kaufst du **die Katze im Sack.**
Wenn du an einem Tag richtig Glück gehabt hast, dann hast du **Schwein gehabt.**
Wenn jemand sehr schlecht sieht, dann ist er blind wie **ein Maulwurf.**
Jemand, den jeder kennt, der ist bekannt, wie ein **wie ein bunter Hund.**
Einen Menschen, der kaum redet, bezeichnet man als **stumm wie ein Fisch.**
Leute, die ständig streiten, sind wie **Streithähne, Streithammel.**
Jemandem, der sehr gute Augen hat, sagt man nach, er hat Augen wie ein **Adler.**
Jemand, der außergewöhnlich gute Ohren hat, hört wie ein wie **ein Luchs.**
Jemand, der sehr flink ist, bezeichnet man als flink wie ein **Wiesel.**
Ist etwas sehr lächerlich oder unglaubwürdig, so sagt man: „Da **lachen ja die Hühner.**
Kümmert eine Angelegenheit kaum mehr einen Menschen, dann **kräht kein Hahn mehr danach.**

Lösung Übung 12: Adjektive /Adverbien

(es gibt natürlich auch diverse andere Lösungsmöglichkeiten)

Suche für die fett gedruckten Adjektive in den unten angegebenen Sätzen andere Formulierungen!

Besonders gut finde ich die **bunten** Farben.	vielfältigen, leuchtenden, prächtigen
Ich finde den Film sehr **interessant**.	spannend, unterhaltsam
Ich bin **glücklich,** dass ich dich habe.	froh, begeistert
Mit seiner Hilfe kann ich jetzt **aufregende** Aufsätze schreiben.	spannende, interessante
Ich will mein neues Fahrrad **vorsichtig** behandeln.	behutsam
Ein **kaputtes** Album sieht nicht **schön** aus.	zerstörtes, ansprechend/gut
Meine Aufsätze sind nicht mehr **uninteressant**.	langweilig
Jetzt bin ich beim Aufsatzschreiben nie mehr **unzufrieden**!	unbefriedigt, unglücklich
Polizisten leben sehr **gefährlich**.	riskant
Sie müssen **mutig** sein und dürfen keine Angst haben.	tapfer
Ein **unbeschwerter** Clown lebt dagegen völlig **ungefährlich**.	sorgloser, heiterer / risikolos
Darum ist er oft **lustig** und nie **verärgert**.	heiter / sauer, ärgerlich
Du wirkst sehr **zufrieden**.	glücklich, befriedigt
Ich werde mich bemühen, **schön** zu schreiben.	ansehnlich
Nur **dumme** Menschen finden das Buch **uninteressant**.	einfältige / langweilig
Liebe Nina, ist das nicht ein **lustiges** Buch?	amüsantes, spaßiges
Als ich gestürzt war, half der **freundliche** Herr.	nette, höfliche, galante
Ich bin sehr **klug**.	gescheit, begabt, talentiert
Ich finde es **spannend**, neue Wörter zu suchen.	Interessant, unterhaltsam
Wenn mich jemand ärgert, werde ich leicht **wütend**.	zornig, aggressiv, sauer, ärgerlich
Ich will nicht immer **schlecht** sein.	böse, unartig, faul,
Ab heute werde ich **besser** lernen.	mehr, aufmerksamer
Ich kann mich **leise** verhalten, aber auch **laut** sein.	ruhig / schrill
Außer einem **kleinen** Wesen war nichts auf der **einsamen** ...	winzigen, schmächtigen / leeren
Meine **hübsche** Schwester geht selten ungeschminkt	attraktive, gepflegte, schöne, tolle

10 Anhang

10.1 Starke (Unregelmäßige) Verben

Infinitiv	Präteritum /Imperfekt	Partizip Perfekt)
b		
backen	backte (buk)	gebacken
beginnen	begann	begonnen
bergen	barg	geborgen
betrügen	betrog	betrogen
biegen	bog	gebogen
binden	band	gebunden
bitten	bat	gebeten
blasen	blies	geblasen
braten	briet	gebraten
brennen	brannte	gebrannt
d		
denken	dachte	gedacht
dreschen	drosch	gedroschen
e		
empfangen	empfing	empfangen
empfehlen	empfahl	empfohlen
empfinden	empfand	empfunden
erbleichen	erblich	erblichen
erklimmen	erklomm	erklommen
erlöschen	erlosch	erloschen
erschrecken	erschrak	erschrocken
erwägen	erwog	erwogen
essen	aß	gegessen
f		
fahren	fuhr	gefahren
fallen	fiel	gefallen
fangen	fing	gefangen
fechten	focht	gefochten
finden	fand	gefunden
flechten	flocht	geflochten
fliegen	flog	geflogen
fliehen	floh	geflohen
fließen	floss	geflossen
fressen	fraß	gefressen
frieren	fror	gefroren
g		
gären	gor	gegoren
gebären	gebar	geboren
geben	gab	gegeben
gedeihen	gedieh	gediehen
gehen	ging	gegangen
gelten	galt	gegolten
genesen	genas	genesen
genießen	genoss	genossen
glimmen	glomm	geglommen
graben	grub	gegraben
greifen	griff	gegriffen

Infinitiv	Präteritum /Imperfekt	Partizip Perfekt
h		
halten	hielt	gehalten
hängen	hing	gehangen
heben	hob	gehoben
heißen	hieß	geheißen
helfen	half	geholfen
k		
kennen	kannte	gekannt
klingen	klang	geklungen
kneifen	kniff	gekniffen
kommen	kam	gekommen
kriechen	kroch	gekrochen
l		
laden	lud	geladen
lassen	ließ	gelassen
laufen	lief	gelaufen
leihen	lieh	geliehen
lesen	las	gelesen
liegen	lag	gelegen
lügen	log	gelogen
m		
meiden	mied	gemieden
melken	melkte (molk)	gemolken
messen	maß	gemessen
misslingen	misslang	misslungen
n		
nehmen	nahm	genommen
nennen	nannte	genannt
p		
pfeifen	pfiff	gepfiffen
preisen	pries	gepriesen
q		
quellen	quoll	gequollen
r		
raten	riet	geraten
reiben	rieb	gerieben
reißen	riss	gerissen
reiten	ritt	geritten
rennen	rann	gerannt
riechen	roch	gerochen
ringen	rang	gerungen
rufen	rief	gerufen
s		
schließen	schloss	geschlossen
schlingen	schlang	geschlungen
schmeißen	schmiss	geschmissen
schmelzen	schmolz	geschmolzen
schneiden	schnitt	geschnitten
schreiben	schrieb	geschrieben
schreien	schrie	geschrien
schreiten	schritt	geschritten
schwellen	schwoll	geschwollen
schwimmen	schwamm	geschwommen

Infinitiv	**Präteritum /Imperfekt**	**Partizip Perfekt**
schwingen	schwang	geschwungen
schwören	schwur	geschworen
sehen	sah	gesehen
senden	sendete / sandte	gesendet / gesandt
singen	sang	gesungen
sinken	sank	gesunken
sinnen	sann	gesonnen
sitzen	saß	gesessen
speien	spie	gespien
spinnen	spann	gesponnen
sprechen	sprach	gesprochen
sprießen	spross	gesprossen
springen	sprang	gesprungen
stechen	stach	gestochen
stehen	stand	gestanden
steigen	stieg	gestiegen
stinken	stank	gestunken
stoßen	stieß	gestoßen
streichen	strich	gestrichen
streiten	stritt	gestritten
stehlen	stahl	gestohlen
t		
tragen	trug	getragen
treffen	traf	getroffen
treiben	trieb	getrieben
treten	trat	getreten
trügen	trug	getrogen
tun	tat	getan
v		
verbleichen	verblich	verblichen
verderben	verdarb	verdorben
verdrießen	verdross	verdrossen
vergessen	vergaß	vergessen
verleihen	verlieh	verliehen
verlieren	verlor	verloren
verschwinden	verschwand	verschwunden
verzeihen	verzieh	verziehen
w		
wachsen	wuchs	gewachsen
waschen	wusch	gewaschen
weichen	wich	gewichen
weisen	wies	gewiesen
wenden	wandte	gewandt
werben	warb	geworben
werfen	warf	geworfen
wiegen	wog	gewogen
winden	wand	gewunden
wissen	wusste	gewusst
wringen	wrang	gewrungen
z		
ziehen	zog	gezogen
zwingen	zwang	gezwungen

10.2 Fachbegriffe

Lateinisch	Deutsch	Beispiele
Adjektiv	Eigenschaftswort	nett, süß, sauer
Adverb	Umstandswort	hier, dort, heute …
Adverbiale	Satzglied	
Adverbiale Bestimmungen a) Temporaladverbiale b) Lokaladverbiale c) Kausaladverbiale d) Modaladverbiale	Umstandsbestimmungen a) der Zeit b) des Ortes c) des Grundes d) der Art und Weise	 Wir treffen uns am Freitag. Wir treffen uns vorm Kino. Wegen des Regens … Sie fragte uns neugierig …
Akkusativ	4. Fall / Satzergänzung – Wen-Fall	Er streichelt den Hund.
Akkusativobjekt	Satzglied im 4. Fall	
Aktiv	Tatform des Verbs	ich schimpfe
Antonyme	Gegensätze	teuer - billig
Artikel: definiter Artikel indefiniter Artikel	bestimmter Begleiter unbestimmter Begleiter	der, die, das ein, eine, eines
Attribute a) Genitivattribut b) Adjektivattribut c) Partizip Präsens A. d) Partizip Perfekt A. e) Präpositionalattribut	Beifügung a) im 2. Fall b) als Eigenschaftswort c) Mittelwort der Gegenwart d) Mittelwort der Vergangenheit e) Hauptwort mit Verhältniswort	 die Häuser Venedigs die beste Freundin das schreiende Baby die erledigten Aufgaben das Haus ohne Garten
Dativ	3. Fall – Wem-Fall	dem Mann
Dativ-Objekt	Satzglied / Satzergänzung im 3. Fall	dem Hund
Deklination	Beugung (Fallsetzung) des Substantivs, Adjektivs, Artikels oder Pronomens	der junge Mann, des jungen Mannes, dem jungen Mann ...
Deklinieren	beugen	der Hund, des Hundes …
Demonstrativpronomen	hinweisendes Fürwort	dieser, jener …
Diphtong	Zwielaut	ei, ai, ey, ay; oder eu/äu, au
Feminin	weiblich	Clara ist sehr feminin.
Femininum	weibliche Form des Nomen	die Frau
Finalsatz	Nebensatz, der Zweck, Absicht oder Ziel des Sachverhalts im Hauptsatz angibt.	Frage: wozu, weshalb, zu welchem Zweck, ...
Futur	Zukunft	ich werde gehen
Genitiv	2. Fall – Wessen – Fall	der Hut des Mannes …

Lateinisch	Deutsch	Beispiele
Genus a) Maskulinum b) Femininum c) Neutrum	Geschlecht, **wird bestimmt durch <u>den Artikel</u>** a) männliches Geschlecht b) weibliches Geschlecht c) sächliches Geschlecht	 a) der Mann b) die Frau c) das Mädchen
Grammatik	Sprachlehre	
Homonyme	gleichlautende Wörter mit zwei oder mehr unterschiedlichen Bedeutungen	1. Diese Schlange ist eine Natter. 2. Vor dem Kino steht eine große Schlange.
Imperativ	Befehlsform	Geh!
Imperfekt	1. Vergangenheit (auch Präteritum)	ich ging
Indikativ	Wirklichkeitsform	Sie <u>geht spazieren</u>.
Infinitiv	Grundform des Verbs	gehen
Interjektion	Ausruf, Empfindungswort	ach, toll, wow, …
Interrogativpronomen	Fragepronomen	wer, wie, was, wo …
Kasus	Fall (1. – 4. Fall)	das Kind des Kindes dem Kind das Kind
Komparativ	Steigerungsform des Adjektivs	größer
Kompositum	zusammengesetztes Nomen aus Grund-wort und Bestimmungswort	Zug-spitze Welt-raum
Konjugation	Beugung des Verbs	ich sehe, du siehst …
konjugieren	beugen des Verbs	ich gehe, du gehst …
Konjunktion a) koordinierende K. b) subordinierende K.	Bindewort a) beiordnendes Bindewort b) unterordnendes Bindewort	 a) und, oder, denn, aber b) weil, als, indem
Konjunktiv	Möglichkeitsform	Ich <u>könnte</u> spazieren gehen.
Konsonant	Mitlaut	b, c, d, f, g, h, j …
Konzessivsatz	Einräumungssatz, der einen Gegensatz zum Ausdruck bringt.	Einleitende Konjunktionen: trotzdem, obwohl ...
Maskulin	männlich	Paul ist sehr maskulin!
Maskulinum	männliche Form des Namenwortes	der Baum
Metapher	bildhafter sprachlicher Ausdruck	<u>Rabeneltern</u> - Eltern, die ihre Kinder vernachlässi-gen.
Neutral	sächlich	
Neutrum	sächliche Form des Namenwortes	das Haus
Nomen	Namenwort /Hauptwort (Substantiv)	Haus, München
Nominativ	1. Fall - Wer-Fall	

Lateinisch	Deutsch	Beispiele
Numerale	bestimmtes Zahlwort unbestimmtes Zahlwort	eins, zwei ... viel, wenig, alles, nichts ...
Numerus	Zahlwort des Namenwortes, Einzahl oder Mehrzahl	Haus, Häuser
Objekt	Satzglied / Satzergänzung im 2., 3. oder 4. Fall	
Partizip Perfekt	Mittelwort der Vergangenheit	gegangen
Partizip Präsenz	Mittelwort der Gegenwart	gehend
Passiv	Leideform des Verbs	Ich werde geschimpft.
Perfekt	2. Vergangenheit	ich bin gegangen
Personalpronomen	persönliches Fürwort	ich, du, er sie es wir, ihr, sie
Plural	Mehrzahl	die Bücher
Plusquamperfekt	3. Vergangenheit	ich war gegangen
Possessivpronomen	besitzanzeigendes Fürwort	mein, dein, sein … unser, euer, ihrer
Prädikat	Satzaussage	Sie schläft.
Präfix	Vorsilbe	vor-, ent-, be-, er-, fort-, ...
Präposition	Verhältniswort	bei, bis, am, in …
Präpositionalobjekt	Satzergänzung mit Verhältniswort	Sie reden über die Schule.
Präsens	Gegenwart	Ich gehe.
Präteritum	1. Vergangenheit	Ich ging.
Pronomen	Fürwort	
Reflexivpronomen	rückbezügliches Fürwort	sich
Relativpronomen	bezügliches Fürwort	welcher, der …
Singular	Einzahl	das Buch
Subjekt	Satzgegenstand, Satzglied im 1. Fall, Nominativobjekt	Der Tag ist schön.
Substantiv	Namenwort /Hauptwort (=Nomen)	
Suffix	Nachsilbe, Endung	-lich, -ig, -heit, -nis, -er, …
Superlativ	Höchststufe des Adjektivs	am schönsten
Synonym	Wort mit gleicher Bedeutung	schön – hübsch
Tempus	Zeitform des Verbs	Gegenwart, Imperfekt ...
Verb	Zeit- oder Tunwort	schlafen
Vokal	Selbstlaut	a, e, i, o, u

Deutsch	Lateinisch	Beispiele
1. Fall - Wer-Fall	Nominativ	
1. Vergangenheit	Präteritum	ich ging
1. Vergangenheit (auch Präteritum)	Imperfekt	ich ging
2. Fall – Wessen – Fall	Genitiv	der Hut des Mannes …
2. Vergangenheit	Perfekt	Ich bin gegangen.
3. Fall – Wem-Fall	Dativ	dem Mann
3. Vergangenheit	Plusquamperfekt	ich war gegangen
4. Fall / Satzergänzung – Wen-Fall	Akkusativ	Er streichelt den Hund.
Ausruf, Empfindungswort	Interjektion	ach, toll, wow, …
Befehlsform	Imperativ	Geh!
Beifügung a) im 2. Fall b) als Eigenschaftswort c) Mittelwort der Gegenwart d) Mittelwort der Vergangenheit e) Hauptwort mit Verhältniswort	Attribute a) Genitivattribut b) Adjektivattribut c) Partizip Präsens A. d) Partizip Perfekt A. e) Präpositionalattribut	 die Häuser Venedigs die beste Freundin das schreiende Baby die erledigten Aufgaben das Haus ohne Garten
Besitzanzeigendes Fürwort	Possessivpronomen	mein, dein, sein … unser, euer, ihrer
Bestimmter Begleiter Unbestimmter Begleiter	Artikel – definiter A. - undefiniter A.	der, die, das ein, eine, eines
beugen	deklinieren	
beugen des Verbs	konjugieren	ich gehe, du gehst …
Beugung (Fallsetzung) des Substantivs, Adjektivs, Artikels oder Pronomens	Deklination	der Hund, des Hundes …
Beugung des Verbs	Konjugation	ich spiele, du spielst ...
bezügliches Fürwort	Relativpronomen	welcher, der …
bildhafter sprachlicher Ausdruck	Metapher	Rabeneltern – Eltern, die ihre Kinder vernachlässigen.
Bindewort a) beiordnendes Bindewort b) unterordnendes Bindewort	Konjunktion a) koordinierende K. b) subordinierende K.	 a) und, oder, denn, aber b) weil, als, indem
Eigenschaftswort	Adjektiv	nett, süß, sauer
Einzahl	Singular	das Buch
Fall (1. – 4. Fall)	Kasus	das Kind des Kindes dem Kind das Kind
Fragepronomen	Interrogativpronomen	wer, wie, was, wo …
Fürwort	Pronomen	

Deutsch	Lateinisch	Beispiele
Gegensätze	Antonyme	teuer - billig
Gegenwart	Präsens	ich gehe
Geschlecht, **wird bestimmt durch den Artikel** a) männliches Geschlecht b) weibliches Geschlecht c) sächliches Geschlecht	Genus a) Maskulinum b) Femininum c) Neutrum	a) der Mann b) die Frau c) das Mädchen
Gleich lautende Wörter mit zwei oder mehr unterschiedlichen Bedeutungen	Homonyme	1. Diese Schlange ist eine Natter. 2. Vor dem Kino steht eine große Schlange.
Grundform des Verbs	Infinitiv	gehen
hinweisendes Fürwort	Demonstrativpronomen	dieser, jener …
Höchststufe des Adjektivs	Superlativ	am schönsten
Leideform des Verbs	Passiv	Ich werde geschimpft.
männlich	maskulin	Paul ist sehr maskulin!
männliche Form des Namenwortes	Maskulinum	der Baum
Mehrzahl	Plural	die Bücher
Mitlaut	Konsonant	b, c, d, f, g, h, j …
Mittelwort der Gegenwart	Partizip Präsens	gehend
Mittelwort der Vergangenheit	Partizip Perfekt	gegangen
Möglichkeitsform	Konjunktiv	Ich könnte spazieren gehen.
Nachsilbe, Endung	Suffix	-lich, -ig, -heit, -nis, -er, …
Namenwort /Hauptwort (= Substantiv)	Nomen	
Namenwort /Hauptwort (= Nomen)	Substantiv	
persönliches Fürwort	Personalpronomen	ich, du, er-sie-es wir, ihr, sie
Rückbezügliches Fürwort	Reflexivpronomen	sich
sächlich	neutral	
Sächliche Form des Namenwortes	Neutrum	das Haus
Satzaussage	Prädikat	Sie schläft.
Satzergänzung mit Verhältniswort	Präpositionalobjekt	Sie reden über die Schule.
Satzgegenstand, Satzglied im 1. Fall, Nominativobjekt	Subjekt	Der Tag ist schön.
Satzglied	Adverbiale	
Satzglied / Satzergänzung im 2., 3. oder 4. Fall	Objekt	
Satzglied / Satzergänzung im 2. Fall	Genitivobjekt	des Hundes
Satzglied / Satzergänzung im 3. Fall	Dativ-Objekt	dem Hund

Deutsch	Lateinisch	Beispiele
Satzglied im 4. Fall	Akkusativobjekt	
Selbstlaut	Vokal	a, e, i, o, u
Sprachlehre	Grammatik	
Steigerungsform des Adjektivs	Komparativ	größer
Tatform des Verbs	Aktiv	ich schimpfe
Umstandsbestimmungen a) der Zeit b) des Ortes c) des Grundes d) der Art und Weise	Adverbiale Bestimmungen a) Temporaladverbiale b) Lokaladverbiale c) Kausaladverbiale d) Modaladverbiale	 Wir treffen uns am Freitag. Wir treffen uns vorm Kino. Wegen des Regens … Sie fragte uns neugierig …
Umstandswort	Adverb	hier, dort, heute …
Verbindung von Haupt- und Nebensatz	Satzgefüge	Wir gehen ins Schwimmbad, weil es heiß ist.
Verbindung von Hauptsätzen	Satzreihe	Es ist heiß, deshalb gehen wir ins Schwimmbad
Verhältniswort	Präposition	Bei, bis, am, in …
Vorsilbe	Präfix	vor-, ent-, be-, er-, zer-, ge-, ...
weiblich	feminin	Clara ist sehr feminin.
weibliche Form des Nomen	Femininum	die Frau
Wirklichkeitsform	Indikativ	Sie geht spazieren.
Wort mit gleicher Bedeutung	Synonym	schön – hübsch
Wortfamilie – Wörter mit dem gleichen Stamm		Dank – dankbar, bedanken, Gedanke
Wortfeld = Gruppe von sinnverwandten Wörtern		sagen – sprechen, fragen, erwidern …
Zahlwort des Namenwortes, Einzahl oder Mehrzahl	Numerus	Haus, Häuser
Zeit- oder Tunwort	Verb	schlafen
Zeitform des Verbs	Tempus	Gegenwart, Imperfekt ...
Zukunft	Futur	ich werde gehen
zusammengesetztes Nomen aus Grundwort und Bestimmungswort	Kompositum	Zug-spitze Welt-raum
Zwielaut	Diphthong	ei, ai, ey, ay; oder eu/äu, au

10.3 Notenschlüssel

Hier findest du verschiedene Notenschlüssel. Suche die Punktezahl, die der Gesamtpunktzahl in deiner Übungsprobe gleich bzw. am nächsten kommt. Schau, in welchen Punktebereich deine erreichte Punktezahl fällt, dann findest du in der Kopfzeile deine erzielte Note.

Note **Gesamt-punktzahl**	**1**	**2**	**3**	**4**	**5**	**6**
24	24 – 22	21 – 19	18 – 16	15 – 12	12 – 8	7 – 0
26	26 – 24	23 – 22	21 – 18	17 – 13	13 – 10	10 – 0
28	28 – 26	25 – 23	22 – 19	18 – 15	14 – 11	10 – 0
30	30 – 27	26 – 23	23 – 19	19 – 15	15 – 11	10 – 0
32	32 – 29	28 – 25	24 – 21	20 – 16	16 – 11	10 – 0
34	34 – 31	30 – 27	26 – 23	22 – 18	17 – 12	11 – 0
36	36 – 33	32 – 29	28 – 24	24 – 18	18 – 12	11 – 0
38	38 – 35	35 – 31	30 – 25	25 – 20	19 – 14	13 – 0
40	40 – 36	35 – 31	31 – 26	26 – 20	20 – 15	14 – 0
42	42 – 38	37 – 33	32 – 28	27 – 22	21 – 15	14 – 0
46	46 – 42	41 – 36	36 – 31	29 – 23	23 – 17	16 – 0
48	48 – 43	43 – 38	37 – 32	31 – 25	24 – 17	16 – 0
50	50 – 45	44 – 39	39 – 34	33 – 26	25 – 18	17 – 0
56	56 – 51	50 – 44	43 – 37	36 – 29	28 – 20	19 – 0
60	60 – 54	53 – 47	46 – 39	38 – 31	30 – 23	22 – 0
65	65 – 59	58 – 51	50 – 42	41 – 33	32 – 24	23 – 0
70	70 – 63	62 – 55	54 – 46	45 – 36	35 – 25	24 – 0
75	75 – 67	66 – 58	57 – 48	47 – 38	37 – 27	26 – 0
80	80 – 72	71 – 62	61 – 52	51 – 41	40 – 28	27 – 0
85	85 – 77	76 – 67	66 – 56	55 – 44	43 – 30	29 – 0
90	90 – 82	81 – 71	70 – 59	58 – 46	45 – 31	30 – 0
95	95 – 86	85 – 75	74 – 62	61 – 49	48 – 33	32 – 0

10.4 Quellenverzeichnis

Gertraud Gaßner, Elisabeth Öchsner-Horsch, **bsv Sprachbuch 5**, Herausgeber Dr. Heiner Ruf 1998, Bayerischer Schulbuch Verlag GmbH, München

Gerhard Widmann, **Zeichensetzung**, Hauschka Verlag 2007

Verstehen und Gestalten F5, Autoren: Bartle, W. Bick, K. Comfere, C. Debold , , Oldenbourg Verlag

DUDEN - Die deutsche Rechtschreibung, 23 . Auflage , Dudenverlag

http://de.wikipedia.org/wiki/Adverbiale_Bestimmung

Miriam Reichel „Livinius“

Miriam Reichel „Das Geheimnis der Kobolde“

http://www.planet-wissen.de

Geniale Erfindungen, CD – Wissen Junior

Lise, Atomphysikerin von Charlotte Kerner

Lise Meitner: A Life in Physics von Ruth Lewin Sime

http://194.94.40.10/lemo/html/biografien/MeitnerLise/index.html

http://www.dieterwunderlich.de/Lise_Meitner.htm

wikipedia.org/wiki/Klassische_Reitkunst

Lea Meistner „Geschichte des Reitens“

Anatomy Of Dressage von Heinrich Schusdziarra

WAZ-Dokumentationen

Reitervölker Wikipedia

Wikipedia Xenophon“

Wolfgang Mentrup: *Zur Zeichensetzung im Deutschen - die Regeln und ihre Reform.*

Gunter Narr, Tübingen 1983, S. 13, 15, 17, etc; Georg Nolte: *Eingreifen auf Einladung.* Springer, 1999, S. 372, 421, etc.

Dante Alighieri, „a devine commedy“

Autos gemalt von Julius Z. 4. Klasse.

Pferde und Logos von Michael Reichel